1896, Mai-Juin   N° 3.   T

REVUE GÉNÉRAL[E]

DE

Droit International Public

DROIT DES GENS — HISTOIRE DIPLOMATIQUE
DROIT PÉNAL — DROIT FISCAL — DROIT ADMINISTRATIF

PUBLIÉE PAR

Antoine PILLET | **Paul FAUCHILLE**

PROFESSEUR À L'UNIVERSITÉ DE GRENOBLE | AVOCAT, DOCTEUR EN DROIT
LAURÉAT DE L'INSTITUT DE FRANCE | LAURÉAT DE L'INSTITUT DE FRANCE

SOUS LE PATRONAGE DE MM.

E. CLUNET
Avocat à la Cour d'appel
de Paris.

A. DESJARDINS
Membre de l'Institut de France
Avocat général à la Cour de cassation.

L. FÉRAUD-GIRAUD
Président honoraire à la Cour de cassation de France.

T. FUNCK-BRENTANO
Professeur à l'École des sciences
politiques.

G. GRIOLET
Maître des requêtes honoraire
au Conseil d'État.

G. HANOTAUX
Ministre des affaires étrangères
de France.

H. LAMMASCH
Professeur à l'Université
de Vienne.

E. LEHR
Secrétaire général de l'Institut
de droit international.

C. LYON-CAEN
Membre de l'Institut de France
Professeur à la Faculté de droit de Paris

F. DE MARTENS
Professeur à l'Université
de Saint-Pétersbourg.

P. PRADIER-FODÉRÉ
Conseiller à la Cour d'appel
de Lyon.

L. RENAULT
Professeur à la Faculté de droit
de Paris.

A. SOREL
Membre de l'Institut de France
Prof. à l'École des sciences politiques.

F. STOERK
Professeur à l'Université
de Greifswald.

A. VANDAL
Professeur à l'École des sciences
politiques.

EXTRAIT

*La question arménienne et l'intervention
européenne.*

PARIS

A. PEDONE, Libraire-Éditeur
13, rue Soufflot, 13.

| et Cie | BELINFANTE Frères | GEROLD et Cie | TETSUGAKU SHOIN | A. ZINSERLING |
| in. | La Haye. | Vienne. | Tokio. | St-Pétersbourg. |

LA QUESTION ARMÉNIENNE

ET

L'INTERVENTION EUROPÉENNE

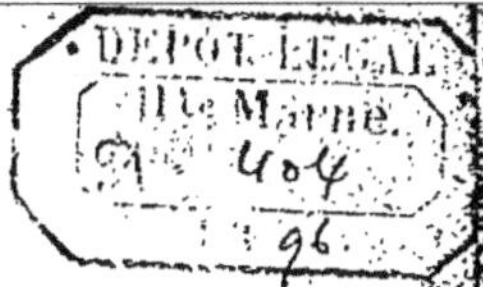

Nous avons vu dans la précédente chronique que les troubles sanglants qui suivirent la manifestation des Arméniens à Constantinople à la fin de septembre 1895, ainsi que la grande effervescence qu'ils provoquèrent, eurent un double effet. D'abord, ils hâtèrent la fin des négociations, entre la Sublime Porte et trois des grandes puissances européennes, relativement à l'introduction des réformes en Arménie en exécution de l'article 61 du traité de Berlin : le 17 octobre, le projet de réformes était signé par le Sultan. De plus, ils devinrent, surtout dans les provinces, le point de départ et le signal d'une série de massacres et de crimes de tous genres, qui provoquèrent l'intervention des six grandes puissances européennes en vue du rétablissement de l'ordre, gravement compromis, dans l'Empire ottoman.

En ce qui concerne l'exécution des réformes en Arménie, nous n'avons que quelques mots à ajouter à ce qui a été déjà dit. Aussitôt après la publication et la notification du décret du 17-20 octobre, l'Allemagne, l'Autriche et l'Italie ont pris position dans la question arménienne, à côté de la France, de la Russie et de l'Angleterre. Elles notifièrent à la Porte, par leurs ambassadeurs à Constantinople, leur désir d'être tenues au courant des travaux de la Commission de contrôle sur l'exécution des réformes que le décret avait instituée (1). Mais cette Commission n'a pas donné les résultats qu'on paraissait attendre de son fonctionnement, et il est permis de se demander si ses membres ont jamais pris leur tâche au sérieux. Les ambassades de France, de Grande-Bretagne et de Russie durent faire à la Sublime Porte des représentations touchant les procédés de la Commission (2), et bientôt elles furent obligées d'appeler l'attention du Sultan sur son inertie absolue (3). Elles n'ont réussi, par leurs nombreuses démarches, qu'à faire remplacer pendant vingt-quatre heures le

---

(1) V. le *Times* du 7 novembre 1895.
(2) V. le *Times* du 27 décembre 1895.
(3) V. le *Times* du 21 janvier 1896.

Président de la Commission Chéfik Bey, dont elles étaient mécontentes, par Zihni Pacha (1). Cela témoigne du peu de zèle des Turcs à assurer l'application des réformes (2), et il est à craindre qu'à ce sujet ils ne se montrent fort peu pressés d'obéir aux conseils des puissances (3). De fait, en dehors de l'envoi de quelques inspecteurs judiciaires dans les provinces arméniennes et de la nomination de plusieurs Catholiques comme adjoints à des gouverneurs d'Anatolie (4), on ne peut guère mentionner que la publication d'un décret fixant au 1er mai 1896 la mise en vigueur dans le vilayet d'Erzeroum de la nouvelle organisation de la gendarmerie (5) : ce sont là en définitive des demi-mesures, dont l'annonce est destinée à donner le change aux étrangers et une fiche de consolation aux habitants du pays. A cet égard, au point de vue des conséquences juridiques que pourrait avoir l'inexécution des réformes, il faut noter une déclaration importante du gouvernement anglais. A la Chambre des communes, le 14 février 1896, M. Goschen, ministre de la marine, répondant à une question, a déclaré que la non-exécution des réformes en Arménie *libèrerait* l'Angleterre de l'engagement, résultant du traité de Chypre du 4 juin 1878, de défendre l'intégrité des possessions du Sultan dans l'Asie Mineure, la Turquie ne tenant pas la promesse correspondante à cet engagement.]Dans la séance du 30 mars, M. Curzon, sous-secrétaire d'État aux affaires étrangères, a exprimé une idée analogue en parlant de la

(1) V. le *Journal de Genève* du 10 mars 1896 et le *Temps* du 14 mars 1896.

(2) On ne doit pas se faire des illusions sur les dispositions des Turcs à cet égard. Dans une entrevue que Zeki Pacha, grand-maître de l'artillerie turque, a accordée au correspondant d'une agence anglaise, il a trouvé tout naturel que la Turquie ne se pressât pas d'exécuter le traité de Berlin, ce traité n'étant pas également respecté dans son intégrité par tous les signataires, et il a formellement indiqué, comme exemple, le démantèlement des forts de Batoum que l'on devrait commencer par exiger en exécution dudit traité (*Le Temps* du 1er janvier 1896). Une intéressante correspondance, publiée dans le *Journal de Genève* du 19 mars 1896, démontre aussi clairement qu'aux yeux des Turcs la question de l'application des réformes est considérée comme définitivement enterrée (V. aussi le *Temps* du 12 mars 1896). L'acte de décès vient du reste d'être officiellement dressé. Dans son exposé à la Commission du budget de la Délégation autrichienne le comte Goluchowski a franchement constaté qu'en fait les réformes pour l'Arménie sont restées lettre-morte (*Le Temps*, 11 juin 1896).

(3) Cependant, comme nous l'avons vu dans la précédente chronique (V. cette *Revue*, t. III (1896), p. 124), les réformes auxquelles la Turquie a fini par se soumettre étaient bien loin de celles que les puissances eussent voulu lui imposer. Les Turcs avaient réussi à réduire le contrôle européen à fort peu de chose et aussi à obliger les puissances intervenantes à céder sur une question à laquelle elles avaient pendant longtemps tenu : la possibilité de nommer des Chrétiens aux postes des six gouverneurs généraux des provinces d'Anatolie, ainsi qu'à celui de Haut Commissaire de surveillance ; elles durent se contenter de la nomination de Chrétiens comme *adjoints* seulement aux *titulaires musulmans* de ces différents postes.

(4) V. cette *Revue*, t. III (1896), p. 127.

(5) V. le *Journal de Genève* du 31 mars 1896.

suspension des engagements de la Grande-Bretagne. Mais cette perspective, au sujet d'un engagement plutôt platonique, ne paraît pas devoir affecter beaucoup les Turcs.

Ce qu'on peut dire jusqu'ici de plus certain, c'est que l'introduction des réformes dans les provinces d'Anatolie a été inaugurée par des massacres nombreux, qui eurent lieu justement dans les contrées dont on voulait améliorer la situation (1), et qui firent prendre à l'intervention européenne un autre aspect. C'est de cette nouvelle phase de l'intervention que nous devons nous occuper plus particulièrement.

Il faut d'abord dire deux mots des faits eux-mêmes. Ensuite, nous verrons quelle a été l'attitude du gouvernement turc en présence de cette situation. Nous examinerons enfin la conduite de l'Europe et les résultats auxquels elle a abouti.

I. Dans le courant du mois d'octobre 1895, des symptômes peu rassurants pour la sécurité des habitants de l'Empire ottoman apparaissaient déjà de différents côtés. Particulièrement en Asie Mineure, l'animosité contre les Chrétiens allait en croissant (2). Mais les symptômes ne tardèrent pas à se développer. Si l'on veut se faire une idée à peu près exacte de ce qu'ont été les explosions de cette animosité, il faut toutefois se mettre en garde contre un double écueil. Certains organes de la presse britannique ont eu le tort d'enregistrer au fur et à mesure, à côté de faits authentiques, qui n'étaient que trop nombreux, tous les bruits, exagérés ou non fondés, qui leur étaient communiqués, sans les avoir au préalable suffisamment contrôlés. A l'encontre de cette disposition, assurément fâcheuse, plusieurs organes de la presse continentale, et non des moins considérables, ont systématiquement et *a priori* révoqué en doute l'exactitude de toutes les informations de la presse anglaise. Comme de juste, c'est entre les deux que la vérité se trouve. Cela nous conduit à observer que tout ce que les journaux autorisés du continent ont publié sans réserves et d'après leurs informations directes constitue, en tout cas, le *minimum* certain de vérité qu'on puisse avoir, et cela n'est pas toujours à dédaigner (3). Ce *minimum* se trouve aujourd'hui considérablement

(1) Voici, d'après le *Tableau officiel*, une simple énumération des principales localités atteintes, celles où les victimes se comptent par centaines ou par milliers : Trébizonde, Gumusch-Hané, Erzeroum, Passen, Erzinghian, Baïbourt. Kighi-Bayazid, Bitlis, Harpout, Arabkir, Malatia, Diarbékir, Sivas, Gurun, Chabin-Karahissar-Charki, Zileh. Amassia, Mersivan, Vizir Kioprou, Aïntab, Orfa. Marasch, Yenidjé-Kaleh, Païas, Césarée; Birédjik.

(2) V. le *Temps* du 8 novembre 1895.

(3) Il convient de signaler à cet égard une intéressante correspondance de Constantinople, publiée dans le *Journal de Genève* du 12 février 1896, qui, se gardant également contre les exagérations des uns et le scepticisme de parti pris des autres, expose l'odieux carnage dont l'Asie Mineure a été le théâtre depuis le mois d'octobre, et constate qu'après les vic-

dépassé par un document officiel, d'une autorité et d'une importance considérables : le *Tableau officiel des massacres d'Arménié*, dressé, après enquêtes, par les six ambassades de Constantinople (1). Ce tableau a été établi par un Comité de délégués des six ambassades, d'après les rapports officiels de leurs consuls, tous témoins des événements qui y sont consignés. On y a soigneusement écarté les témoignages des indigènes, et spécialement ceux des Arméniens ; et on n'a admis le témoignage *oculaire* des missionnaires européens que pour quelques détails particuliers. Le tableau nous donne, avec le nom des localités qui ont été le théâtre des événements sinistres qui ont ensanglanté onze provinces ou vilayets de l'Asie Mineure pendant les trois derniers mois de l'année 1895, les dates et les chiffres des morts, le récit succinct des faits, et l'attitude des autorités et de la population turques.[On sait ainsi officiellement une grande partie des détails de ce drame terrible, dans lequel des hécatombes de Chrétiens ont été faites, en vertu d'un plan méthodique, soigneusement préparé et froidement exécuté.]La responsabilité ou la complicité des autorités turques et des soldats de l'armée régulière y est nettement établie. On a égorgé plus de 30.000 Arméniens (2), pillé leurs maisons, détruit des centaines de villages chrétiens, et forcé, le poignard sur la gorge, des milliers de familles à embrasser l'islamisme (3). Et il faut remarquer qu'on ne fait pas entrer dans ce compte le

times directes des massacres, qui se chiffrent par des dizaines de mille, les survivants meurent en plus grand nombre encore de faim et de misère.

(1) Ce document a été publié dans une très intéressante brochure du Père F. Charmetant, directeur général de l'œuvre d'Orient, portant ce titre suggestif : *Martyrologe arménien* (Paris, Bureau des œuvres d'Orient, 20, rue du Regard).

(2) Ce chiffre de 30.000 pouvait déjà être reconstitué approximativement au moyen de différents renseignements partiels qu'on a pu avoir au cours des événements. Il est également contenu dans les documents parvenus à M. Terrel, ministre des États-Unis à Constantinople, et est légèrement dépassé dans les statistiques dressées par le Duc de Westminster (*Gazette de Lausanne* du 27 mars 1896).

(3) Dans le *Martyrologe arménien*, le *Tableau officiel* des ambassades est suivi d'une *Statistique abrégée* dressée d'après les rapports des témoins oculaires, ainsi que de renseignements complémentaires sur quelques épisodes des massacres d'Arménie. Le récit officiel se trouve ainsi complété. Il y a des détails navrants et révoltants. Des hommes torturés avec des raffinements de cruauté inouïs et affreusement mutilés. Des femmes et des jeunes filles outragées, puis horriblement massacrées, ou, enlevées par centaines, contraintes à épouser des Turcs ou vendues comme esclaves. Des enfants même, égorgés vifs pour forcer leurs parents à abjurer leur foi chrétienne. Des églises bestialement profanées ou converties en mosquées. De nombreux détails sur une campagne systématiquement entreprise à l'effet de forcer les survivants à embrasser l'islamisme ; ceux qui ont cru pouvoir revenir à la foi de leurs pères, une fois le danger passé, ont été impitoyablement mis à mort, selon les lois de l'Islam sur les abjurations ! Des détails circonstanciés et navrants ont été publiés dans la *Contemporary Review* de cette année. On peut avoir également une idée des horreurs commises, par l'intéressante publication de M. le professeur G. Godet : *Les souffrances de l'Arménie*, Neuchâtel, Attinger frères, édit., 1896. Les photo-

grand nombre de ceux qui ont été égorgés loin des yeux des consuls ou pour lesquels on est obligé d'insérer la mention : *chiffre inconnu* (1) !

Mais les désordres ne furent pas circonscrits seulement aux régions habitées en grande partie par des Arméniens. Ils gagnèrent toute l'Asie Mineure et se propagèrent même dans d'autres parties de l'Empire ottoman. Déjà, vers le 15 novembre, l'effervescence s'était étendue jusqu'aux environs de Smyrne, où les *mouadjirs* (2) furent armés pour être prêts à attaquer les Arméniens. A la fin de ce mois, les troubles atteignirent jusqu'aux portes mêmes de Constantinople. Les Arméniens furent attaqués à Yalova et à Couri, dans le voisinage des îles des Princes sur la côte d'Asie (3).

Et, les désordres, ainsi propagés, ne tardèrent pas à toucher d'autres populations que les Arméniens. Ils eurent notamment leur contre-coup en Syrie (4), en Arabie (5), et jusqu'en Albanie (6) ; en Crète, enfin, l'agi-

---

graphies instantanées publiées par le *Daily Graphic* en novembre et représentant l'épouvantable spectacle offert par les lieux des massacres, constituent un témoignage qu'il n'est plus possible de récuser. Le rapport du consul anglais Fitz-Maurice, qui s'était joint à la commission turque d'enquête pour s'informer sur les lieux au sujet des événements d'Urfa et de Birédjik, est plein de révoltants détails sur les horreurs, outrages et conversions forcées, dont les Arméntens ont été les victimes. A Urfa (28 décembre), on a tué 8000 Arméniens (y compris des femmes et des enfants) en deux jours. Un grand nombre de cadavres ont été brûlés, et, le 5 mars, M. Fitz-Maurice dit que toute la ville était encore empestée par l'odeur de la chair humaine. Les dégâts matériels y sont évalués à plus de 4 millions (*Daily News*, 2 juin 1896).

(1) En transmettant le document en question à son gouvernement, l'ambassadeur de Grande-Bretagne à Constantinople le fait accompagner des réflexions suivantes : «... Le nombre des victimes a été admis dans les seuls cas où les données étaient de nature à établir une appréciation exacte. Il a été souvent impossible de le déterminer, particulièrement dans le cas des villages sur le sort desquels on n'a pu rien connaître, sinon que la région dans laquelle ils se trouvaient a été dévastée. Ainsi il n'y a aucune mention de la perte de vies dans les districts des villages de Wan, Kharput ou Diarbékir. La perte totale sur laquelle on pouvait obtenir une information exacte, monte environ à 25.000 personnes, et, si nous y ajoutons les massacres sur lesquels il n'y a pas de détails, *l'estimation peut monter à un chiffre fort supérieur* » (Le *Times* du 18 février 1896). Les districts nommés dans cette lettre sont justement de ceux qui ont été les plus ravagés.

(2) Turcs nomades, émigrés de la Turquie d'Europe, notamment depuis la guerre de Bulgarie.

(3) Les autorités de deux de ces îles repoussèrent les barques, remplies de familles arméniennes, qui, fuyant les massacres, allaient y chercher asile, sous prétexte qu'elles étaient suspectes de choléra ! Et lorsqu'elles réussirent enfin à se réfugier à l'île d'Antigone, celle-ci fut mise en quarantaine !

(4) Des troubles se produisirent dans le Hauran, où les Druses, se fiant à l'impunité dont ils jouissaient de la part des autorités turques, pourchassèrent les Chrétiens, les obligeant à s'enfuir et à abandonner tout ce qu'ils y possédaient. De tous côtés on y signalait l'armement des habitants des montagnes. L'effervescence des cercles musulmans de Beyrouth et de Damas, travaillés par des fanatiques, devenait évidente et l'impuissance des autorités turques rendait le danger d'autant plus grand (V. le *Temps* du 12 novembre et le *Daily News* du 18 novembre 1895). Le gouvernement ottoman dut envoyer contre les Druses des

tation et les conflits sanglants continuent, le gouvernement ottoman ayant cru pouvoir violer les engagements pris envers les habitants et les puissances européennes (1) relativement au régime administratif de l'île, et les Crétois n'étant pas d'humeur à supporter la violation d'engagements aussi solennellement donnés.

Tels ont été les faits et les désordres qui motivèrent l'intervention de l'Europe, les massacres d'Arménie ayant mis en péril la sécurité de tous les habitants de l'Empire ottoman, et jusqu'à l'existence de la Turquie elle-même.

Pour s'expliquer tous ces désordres, provoqués généralement par les Turcs, parfois aussi par des Arméniens, il ne faut pas perdre de vue avant tout qu'ils ont été conformes aux vœux du parti du Palais à Constantinople, qui les a soit encouragés soit même suggérés, ainsi que des person-

troupes pour rétablir l'ordre. Mais la lutte ne tarda pas à prendre un caractère sauvage (V. les détails dans le *Temps* du 21 décembre, ainsi que dans une correspondance publiée dans la *Dernière Nouvelle* (le *Temps*) du 4 janvier 1896). Les Druses ayant fait demander aux Turcs les conditions pour se rendre, ceux-ci assassinèrent lâchement les parlementaires (au nombre d'une quinzaine), et, coupant la tête à leur chef, l'envoyèrent à Damas. En même temps, profitant de l'occasion, les Turcs razzièrent certains villages *asnariés* qui refusaient de payer l'impôt. Au commencement de janvier, les Chrétiens étaient sérieusement menacés à Alep, au point que le gouverneur général déclara ne plus pouvoir répondre de l'ordre (V. le *Temps* des 2 et 3 janvier et la *Dernière Nouvelle* (le *Temps*) du 17 janvier). Le pittoresque des mœurs du pays ne manque pas au milieu de ces désordres. Edhem Pacha, commandant des troupes turques, acheté pour la somme de 20,000 livres par les Druses, qui en avaient fait autant avec ses prédécesseurs, n'obtint que 100 fusils sur 8 à 10,000 dont disposent les Druses. Il écrivit néanmoins au *mutessarif* que le pays était pacifié et la campagne terminée. Mais, le vali Osman Pacha, son ami, n'ayant pas eu sa part, le dénonça (V. le *Temps* du 26 janvier). La soumission des Druses était donc plus apparente que réelle. La situation était très critique, et la misère générale dans toute la région de Beyrouth (jusqu'au delà d'Alep), où des massacres auraient eu lieu vers le 20 janvier (V. le *Temps* du 30 janvier). On sait qu'avec le retour du printemps les Druses viennent de se soulever à nouveau ; ils ont commencé par l'anéantissement de 600 soldats turcs et la prise de plusieurs canons (*Le Temps*, 22 juin). Ce soulèvement qui comprendrait d'après les Turcs (*Kölnische Zeitung*, 25 juin) 7 à 8000 hommes, appuyés par des bandes bédouines (*Le Temps*, 27 juin), paraît beaucoup plus sérieux que celui de l'an dernier. Il semble avoir son origine dans la trahison des Turcs ; les Druses voudraient maintenant venger leurs chefs (*Le Temps*, 24 juin). Ils demandent de plus un gouverneur spécial (ou au moins un sous-gouverneur) et une assemblée nationale (*Le Temps*, 26 juin).

(5) Les Arabes, qui considèrent les Osmanlis comme les usurpateurs du Khalifat, prirent les armes au nombre de 45,000 (V. le *Manchester Evening News* du 19 novembre). Des troubles éclatèrent notamment à Sana, dans la région du Yemen (V. l'*Asty* du 10 décembre). Le chef des révoltés, l'Imam Saïd Mahomed Yaha, qui revendique l'autorité religieuse dans tout le Yemen, reçut de la part du Sultan, par l'intermédiaire du gouverneur de Sana, une lettre et des cadeaux ; il s'empressa de brûler avec ostentation le tout, en signe de mépris (V. l'*Acropolis* du 8 décembre ; l'*Hestia* du 9 décembre). D'après les dernières nouvelles, des troubles sérieux auraient éclaté dans le Hédjaz (*Le Temps*, 27 juin 1896).

(6) V. l'*Acropolis* du 26 octobre ; le *Temps* des 4 et 18 décembre 1895. Les Albanais désirant leur affranchissement de la domination ottomane, ce furent là les signes précurseurs d'une agitation destinée à se développer par la suite.

(1) Traité de Berlin du 13 juillet 1878, art. 21.

nes bien informées disent en avoir acquis la certitude (1), dans la pensée que la terrorisation constituait le meilleur système de gouvernement, que les Arméniens cesseraient de se plaindre lorsqu'ils n'existeraient plus, et que cela assagirait à coup sûr les survivants.

Quant à l'état d'esprit des auteurs directs et des victimes, on le comprendra aisément, bien qu'il y ait une foule de considérations accessoires dont il ne faut pas oublier de tenir compte.

Les Turcs, d'abord, se sont indignés de *l'impudence* des Arméniens qui demandaient l'amélioration de leur sort — ou leur autonomie, d'après les rumeurs habilement insinuées et répandues — ou qui simplement se défendaient (2) ; et ils se sont froissés en voyant les étrangers intervenir en leur faveur et obtenir des concessions de la part du Commandeur des croyants (3). N'oublions pas les proportions que la rumeur publique et surtout la malveillance firent prendre à tous ces ferments de haine. On comprend ainsi comment un grand nombre de ces massacres ont été concertés et organisés, comment ils étaient souvent prévus ou redoutés d'avance.

D'autre part, les Arméniens, insuffisamment instruits sur ce qui se faisait en leur faveur ; voyant qu'ils continuaient à être massacrés et pillés pendant qu'on parlait de réformes ; ayant cru jusqu'à un certain moment que l'Angleterre, étant intervenue en leur faveur et paraissant désireuse de prendre énergiquement en mains leur défense, avait la toute puissance de tout faire, sans penser que cela n'était pas si facile, à moins de rompre l'accord entre les puissances intervenantes et de courir ainsi le risque d'une conflagration générale (4) ; apprenant par la suite le résultat dérisoire auquel avaient abouti les négociations pour les réformes,

(1) C'est cet encouragement qui explique la complicité active ou passive des autorités locales, qu'on a souvent constatée (V. la *Neue Freie Presse* du 7 novembre 1895) et que l'on trouve plus d'une fois indiquée dans le *Tableau officiel*. Les rapports consulaires ont à différentes reprises signalé l'attitude de ces autorités, ainsi que celle des officiers de l'armée turque (V. l'*Asty* du 15 décembre 1895). Il paraît même que, déjà au commencement de novembre dernier, l'ambassadeur d'une grande puissance à Constantinople se serait plaint au Sultan de ce que les massacres se faisaient dans les provinces d'après les instructions venues de Constantinople. On a prétendu, d'autre part, que le Sultan aurait rendu les rênes pour ne pas être débordé et renversé par le fanatisme turc. C'est fort possible, étant donné le gouvernement personnel à outrance qu'il a cru pouvoir inaugurer, et en vertu duquel, dans l'impossibilité absolue où il est de pourvoir à tout, il a dû déjà plus d'une fois s'abandonner aux gens de son entourage.

(2) Dans les journaux turcs on les qualifie souvent de « brigands méprisables qui, sur des suggestions diaboliques, osent troubler l'ordre contrairement au désir de Sa Majesté », accusation qui est rééditée constamment avec des variantes.

(3) L'acharnement et la conviction du crime ont été extraordinaires. La foule qui s'est jetée sur les Arméniens pensait commettre un acte béni du ciel et encouragé par le Padischah !

(4) Voilà à quoi se réduit l'accusation, ridicule et injuste, faite contre l'Angleterre, d'avoir abandonné les Arméniens après avoir favorisé les désordres.

et connaissant par expérience la valeur des promesses turques lorsqu'elles ne sont pas garanties par un contrôle européen permanent, se trouvèrent ainsi au comble de l'exaspération. Dans ces conditions, qu'ils se soient défendus ou qu'ils se soient même parfois laissés entraîner à répondre au massacre par le massacre, on le conçoit d'autant mieux que le gouvernement ottoman les y a maladroitement poussés en traitant, ainsi que nous l'avons déjà fait observer (1), comme des criminels, au même titre que les révolutionnaires, ceux qui se bornaient à demander, avec la sécurité, l'amélioration de leur situation. En tout cas, il est évident que, privés d'organisation et de moyens, ils n'ont pu se livrer qu'à des actes de vengeance isolés et maladroits (2).

Outre ces explications originaires, il ne faut pas omettre d'ajouter, aux sentiments de vengeance nés pour les crimes antérieurement commis, les diverses vieilles rancunes qui se sont rallumées à la faveur du bouleversement général et souvent aussi la cupidité (3).

II. Quelle a été l'attitude du gouvernement et des autorités turcs, pendant que tous ces faits se passaient ? Elle peut se résumer en un mot ; elle a été misérable. Et le ridicule dont ils se sont souvent couverts ne suffit guère pour faire oublier le révoltant de leur conduite.

Ils étaient au fond satisfaits de ce qui se passait. Aussi virent-ils évoluer les événements d'un bon œil, lorsqu'ils n'y prenaient pas directement part, comme auteurs ou complices ; ils espéraient ainsi être débarrassés pour longtemps des Arméniens et de leurs plaintes (4). Mais,

---

(1) V. la précédente chronique, dans cette *Revue*. t. III (1896), p. 113, note 2.

(2) On comprend ainsi que le vali d'Erzeroum Raouf Pacha ait ouvertement admis l'innocence de 95 0/0 des Chrétiens tués, et que ce chiffre même soit souvent inférieur à la réalité (V. l'*Acropolis* du 16 décembre).— L'Association révolutionnaire *Hindschac* a eu le tort, il est vrai, de faire procéder maladroitement à des assassinats d'Arméniens qu'on accusait de trahison ou de tiédeur pour le mouvement national ; tels notamment ceux tentés contre le rédacteur en chef du *Haïrenik* (V. la *Dernière Nouvelle* (le *Temps*) du 17 janvier 1896), et contre le riche banquier Caragheuzian (V. le *Temps* du 28 janvier), ainsi que celui commis contre l'évêque de Wan-Boghos (V. le *Temps* du 24 janvier). Ces faits, dus à l'exaltation patriotique qui se manifeste souvent en pareil cas, ne sauraient en aucune façon retomber sur tous les Arméniens ,on sait que les notables Arméniens de Constantinople ont tenu à les répudier formellement (V. le *Temps* du 12 février)!, ni encore moins atténuer l'horreur des actes dont ils ont été victimes de la part des Turcs. Quant aux autres Comités arméniens, il faut constater que, s'ils ont pu parfois par leurs imprudences devenir d'utiles auxiliaires des Turcs, il faut se méfier des accusations injustes, et systématiquement exagérées, que l'on se plaît à leur adresser dans une certaine presse (V. le *Journal de Genève* du 12 février).

(3) Une longue et intéressante correspondance de Constantinople publiée dans le *Temps* du 10 janvier explique bien ces massacres par intérêt. Les Arméniens, faisant généralement exception à la fainéantise qui règne dans ces contrées, s'étaient enrichis par leur labeur. Leur aisance et leurs créances contre les Turcs excitaient l'envie de ces derniers.

(4) Quant au préjudice moral et aux conséquences désastreuses que les événements ne tar-

comme il fallait essayer de sauver les apparences, ils eurent recours à des procédés qui démontrent péremptoirement qu'ils n'ont eu conscience ni de la gravité de la situation ni des devoirs qu'elle leur imposait.

Ils prirent d'abord résolument le parti de nier ou d'essayer d'atténuer, dans des proportions scandaleuses, la gravité des faits. Et lorsqu'il était difficile de contester les excès commis par la population musulmane, ils en rejetèrent la responsabilité sur « les perturbateurs arméniens » (ce qui ne soutient même pas l'examen dans les localités où ceux-ci sont en minorité), et n'hésitèrent pas à présenter les Musulmans comme les « victimes de la férocité arménienne » (1).

C'est surtout par la voie des communications officielles aux journaux qu'ils poursuivirent cette étrange édification de l'opinion publique (2), et cela à l'étranger (3) aussi bien qu'en Turquie (4).

D'autre part, et pour fausser de plus en plus les impressions des étrangers, stupéfaits et naturellement sceptiques en présence des nouvelles

dèrent pas à avoir au point de vue économique, et dont le développement ne touche pas encore à sa fin, leur fanatisme et leur fatalisme les empêchaient de s'en soucier. Ils accomplissaient un devoir en supprimant des Infidèles, et pensaient assurer ainsi la sécurité du présent ; Dieu leur viendrait en aide pour l'avenir !

(1) V. un échantillon de ces assertions contenues dans les rapports des fonctionnaires turcs, dans le *Temps* du 18 décembre 1895.

(2) Il faut noter que ces communications constituent une innovation, car jusqu'ici on avait suivi dans des circonstances analogues la politique plus prudente du silence. Il va sans dire que les journaux qui se publient en Turquie sont obligés de les insérer. C'est ainsi que le *Haïrenik* a été suspendu pour avoir refusé de publier un article sur « les intrigues des Arméniens » communiqué par les autorités (V. le *Temps* du 27 novembre 1895). On peut trouver quelques échantillons de ces communications dans le *Moniteur oriental* des 2 et 6 décembre, dans l'*Acropolis* du 8 décembre, et dans le *Daily News* du 30 novembre 1895.

(3) Les ambassades et légations de Turquie à l'étranger n'ont pas chômé en effet pendant toute cette crise ; on doit notamment une mention spéciale aux communications de la légation d'Athènes, qui peuvent rivaliser avec succès avec celles de Constantinople.

(4) Les palmes reviennent incontestablement, sous ce rapport, à ce « personnage turc considérable » qui a fait mander le correspondant du *Temps* afin de lui donner sur la situation une opinion officielle. On croirait vraiment rêver. Qu'on en juge : « L'Asie Mineure est absolument pacifiée, excepté Zéïtoun ; en Syrie tout est tranquille, les Druses se sont retirés sans coup férir ; il n'y a rien dans le Yemen, les Bédouins n'ont pas bougé. L'Anatolie est tranquille ; il y a eu très peu de choses, et *partout* ce sont les Arméniens qui ont commencé ; ils étaient très bien armés, les Turcs n'avaient pas d'armes ; les mosquées ont été envahies à l'heure des prières, les Arméniens ont tué les hommes qui s'y trouvaient et commis sur les femmes des crimes effroyables ; il en a été ainsi à Erzeroum, à Wan et à Diarbékir. Il n'y a rien eu, ni à Césarée, ni à Sivas, ni à Harpout. Les consuls sont mal renseignés ». Et le journaliste demandant comment s'expliquent la possibilité de telles inventions ainsi que la nécessité d'une forte intervention militaire et la fermeture de l'Anatolie aux étrangers, « l'éminent interlocuteur » a tranquillement répondu que « tout cela repose sur des bruits absolument faux venus de villes très éloignées et grossis le long des chemins ». Enfin, pour en finir dignement, il n'a pas hésité à opposer un démenti formel en ce qui concerne Trébizonde, ajoutant qu' « *il n'y a pas eu de victimes et pas même une seule blessure* » (V. le *Temps* du 28 décembre 1895).

(parfois inutilement exagérées) de l'énormité de la catastrophe, le gouvernement ottoman se faisait envoyer de différents côtés (et particulièrement de tous les endroits où les massacres d'Arméniens ont été, d'après le témoignage des consuls, les plus considérables) (1) des adresses de fidélité, de dévouement et de reconnaissance : de la sorte, on démontrait que les sujets de Sa Majesté le Sultan jouissaient du plus parfait des bonheurs sous le gouvernement le plus paternel du monde, entretenant d'excellents et fraternels rapports avec leurs concitoyens musulmans, et que les quelques faits regrettables qui avaient pu se produire par ci par là étaient uniquement le fait de quelques Arméniens, mauvais sujets ou incorrigibles révolutionnaires (2). De ce que valaient ces certificats de complaisance arrachés par la violence, la peur ou les promesses, nous pouvons en juger par ce qui s'est passé à Trébizonde. Le gouverneur général de ce pays convoqua les membres du Conseil régional en séance extraordinaire le 5/17 octobre et les invita à signer un certificat qualifiant les Arméniens de *révolutionnaires*. Sur le refus de l'archevêque grec, qui objecta l'incompétence du Conseil, refus appuyé par l'évêque arménien catholique et par un notable musulman, le vali, voulant se montrer conciliant, a présenté un rapport tendancieux, relatant les faits inexactement ; les deux prélats ont dû signer, pour ne pas trop insis-

(1) Le *Temps* du 7 décembre 1895.

(2) C'est ainsi par exemple que les journaux pouvaient porter, sur ordre, ces témoignages trop probants à la connaissance du public, le 2 décembre, de la manière suivante : « Les désordres qui s'étaient produits dans quelques provinces de l'Anatolie sont aujourd'hui réprimés et le calme est rétabli. Ces résultats satisfaisants sont attestés par des avis que les autorités provinciales et les missions déléguées en inspection en Anatolie transmettent à l'autorité centrale, ainsi que par ceux que les notables et chefs spirituels d'un grand nombre de diverses communautés envoient à la Sublime Porte. Les fauteurs de troubles qui ont essayé de semer la zizanie parmi les communautés ottomanes qui vivent en bonne harmonie et en sécurité depuis tant de siècles, sont aujourd'hui regardés avec aversion par leurs propres coreligionnaires. La Commission centrale a décidé de faire appliquer toutes les rigueurs de la loi aux perturbateurs de l'ordre public et de faire restituer aux intéressés tous les biens dont ils ont pu être dépouillés, et a donné les ordres nécessaires pour assurer l'application constante des mesures d'ordre et de sécurité publique ». Viennent après des dépêches de remerciements et de dévouement adressées au Grand Vézirat par des communautés de différents rites, d'Arabkir, de Bitlis et de Sivas, dénonçant comme fauteurs des désordres les Arméniens et rendant hommage à la conduite des autorités civiles et militaires. Des certificats analogues ont été arrachés à Erzeroum, à Erzinghian, à Baïburt, à Kharpout, etc. Dans cette dernière ville, on obligea les notables Arméniens à signer un étrange document, attaquant les missionnaires américains qui ont pourtant considérablement contribué à leur protection et au soulagement de leurs misères (V. le *Temps* du 7 décembre 1895). De telles adresses, dont le nombre s'est notablement accru depuis l'arrivée dans les provinces des inspecteurs judiciaires envoyés en vertu du décret des réformes, remplissaient quotidiennement les journaux, en même temps que les attestations officielles que l'ordre et la sécurité régnaient précisément dans les provinces d'Anatolie qui ont été le plus éprouvées.

ter, dans l'intérêt de leurs ouailles. Mais cela ne satisfaisant pas le zélé vali, il procéda à la rédaction d'un autre écrit, et invita les notables de toutes les communautés, qui devaient signer sans connaître le contenu (1). Comme bien on pense, mal en a pris à ceux qui voulurent refuser. C'est ainsi par exemple qu'à Diarbékir, l'évêque arménien ayant refusé de signer une protestation au Sultan en faveur des autorités locales, on lui a fermé la caisse des secours, et des centaines de familles ont été ainsi affamées (2).

Cependant tous ces certificats, arrachés par la peur à certains groupes plus ou moins nombreux de particuliers, ne paraissent pas avoir suffi au gouvernement ottoman. Il songea à faire adresser aux puissances, sous forme de rapport ou message, au nom de la nation grecque tout entière, par le patriarche œcuménique et les deux corps constitués (Saint-Synode et Conseil national), un certificat de loyalisme, de reconnaissance et de satisfaction du régime actuel, déclarant inutile l'exécution des réformes (3) ! Mais les deux corps représentatifs se refusèrent nettement à se rendre les complices d'une pareille comédie (4).

En même temps que les autorités turques cherchaient à s'innocenter par ces certificats ridicules, qui ne prouvaient rien parce qu'ils prouvaient trop, le gouvernement s'efforçait d'autre part de se débarrasser du patriarche des Arméniens, Mgr Izmirlian, l'homme énergique en qui ses ouailles avaient placé toutes leurs espérances. Il l'invita à exhorter ses coreligionnaires à rentrer dans le devoir. Le prélat répondit par l'envoi d'un Mémoire sur les massacres des Arméniens, dans lequel, dégageant leur responsabilité, il déclara que, puisqu'il ne les croyait pas coupables, il ne pouvait pas leur adresser l'exhortation désirée par le gouvernement ; il concluait par une demande d'indemnité pour les survivants des massa-

(1) Il est assez piquant de connaître la manière dont un Turc a caractérisé tous ces certificats de complaisance. Plusieurs employés d'administration dans le vilayet de Monastir (Macédoine) ayant pris l'habitude de forcer les habitants du district soumis à leur administration à leur délivrer des certificats disant qu'ils étaient satisfaits de leur gestion, le vali fit publier dans les journaux turcs un communiqué déclarant textuellement : Les certificats n'ont aucune valeur et ne peuvent atténuer d'aucune manière les délits dont les employés de l'État se sont rendus coupables ; les autorités de Monastir font savoir aux employés qui leur sont subordonnés que ces certificats ne sont pas reconnus comme pièces justificatives (Le *Temps* du 9 décembre 1895).

(2) Le *Temps* du 11 décembre 1895.

(3) Il est bien étrange qu'on se soit permis d'adresser une telle demande au Patriarcat œcuménique, alors que plusieurs demandes de celui-ci n'ont pas été prises en considération par la Porte et que nombre de Grecs orthodoxes ont eu à souffrir des troubles dans l'Asie Mineure.

(4) Le gouvernement essaya alors de s'y créer une majorité par la collation de distinctions honorifiques et de décorations. Mais, malgré ses efforts, il n'a pas atteint son but (Le *Temps* des 30 novembre et 4 décembre 1895 ; l'*Asty* du 14 décembre 1895).

cres (1). Le gouvernement organisa alors une agitation factice (2) ; et il réussit à faire demander la démission du patriarche par quelques-uns de ses coreligionnaires, au nom de la Porte. La question fut soumise au Conseil national mixte, qui s'assemble périodiquement au Patriarcat ; mais celui-ci, après en avoir délibéré, exprima finalement une confiance sans réserves dans le patriarche, et l'invita à conserver sa position (3).

Tandis que le gouvernement turc poursuivait de cette manière l'aplanissement des difficultés que sa conduite avait fait naître, une série d'actes contradictoires témoignaient, une fois de plus, de l'absence d'idées nettes sur la situation. C'est ainsi qu'on destituait le gouverneur de Césarée pour n'avoir pas su prévoir les désordres (4), et qu'on donnait de l'avancement à Omer Bey, gouverneur de Tarses, qui venait d'être suspendu sur les réclamations du ministre des États-Unis (5). D'un autre côté, on exilait l'archevêque d'Erzeroum, coupable d'avoir dénoncé à l'Europe les souffrances de ses concitoyens (6). et on décrétait un renforcement de sévérité pour la punition des coupables des divers crimes qui ensanglantaient les provinces de l'Empire (7) : on allait jusqu'à instituer une Cour suprême pour connaître de tous les délits insurrectionnels (8). Enfin, on désarmait les Arméniens ; mais, fermant les yeux, on tolérait que les Musulmans continuassent à porter leurs armes (9).

(1) Le *Temps* du 22 décembre 1895.

(2) La tentative d'assassinat contre le rédacteur en chef du journal *Haïrenik*, que les Arméniens accusèrent de trahison, se rattacherait à cette conduite machiavélique (V. la *Dernière Nouvelle* (le *Temps*) du 17 janvier 1896).

(3) Le *Temps* du 19 janvier 1896. Les intrigues du Palais n'ont pas moins continué pour réussir à extorquer la démission désirée, mais elles se sont heurtées à un nouveau vote du Conseil national arménien (V. le *Temps* du 24 mars 1896).

(4) Le *Temps* du 6 décembre 1895.

(5) L'*Asty* du 15 décembre 1895.

(6) Le *Temps* du 6 février 1896. V. la lettre de l'archevêque d'Erzeroum dans cette *Revue*, t. III (1896), p. 114, note 4.

(7) Le *Temps* du 16 décembre 1895.

(8) Le *Journal des Débats* et le *Temps* du 1er février 1896. Les puissances s'étaient proposé de demander l'institution d'une Cour martiale pour châtier les auteurs des massacres (V. le *Temps* du 24 décembre) ; on peut se demander dans quel esprit va fonctionner la Cour suprême en question.

(9) V. le *Temps* du 27 décembre 1895. Notons aussi que, sur les réclamations des ambassades et légations, les Turcs envoyèrent bien quelques *zaptiés* pour protéger les demeures étrangères, mais ceux-ci n'inspirèrent aucune confiance (Le *Temps* du 31 décembre). Enfin, à titre d'humanité posthume, ils instituèrent même une Commission de secours sous la présidence du Sultan (Le *Temps* du 13 janvier 1896) et envoyèrent à l'occasion du nouvel an une certaine somme au Patriarcat arménien, 400 livres turques (9.200 francs) (Le *Temps* du 27 janvier). En admettant même que l'argent réuni par cette commission arrive entièrement à destination (ce qui n'a pas été toujours le cas), il est certain que ce ne sera qu'un secours infime en égard à l'immensité de la catastrophe et à la somme des misères à soulager.

Pour être juste, il faut dire que cette anarchie gouvernementale et administrative, cette absence d'un programme précis et honnête, était déplorée par plus d'un Turc. Les *Jeunes Turcs* notamment, voyant que tout allait à la dérive, saisirent avec empressement l'occasion qui se présentait à eux pour accuser, non sans raison, le désordre gouvernemental de tant de catastrophes (1) ; ils se mirent à prêcher énergiquement les mérites de leur programme libéral, dont la réalisation devait, à leur avis, régénérer un édifice social vermoulu et foncièrement perverti (2). Mais, dans un pays autocratique, de tels patriotes ne pouvaient être considérés que comme des traîtres et des conspirateurs (3). On procéda dès lors à de nombreuses arrestations et exécutions de mécontents, tandis qu'on récompensait leurs délateurs ; l'exil ou « l'éloignement de la capitale » des *Jeunes Turcs* marcha de pair avec l'exil ou « le rapatriement » des Arméniens (4). Les arrestations de ces derniers se multiplièrent alors à ce point qu'elles motivèrent, le 3 décembre, les représentations des ambassades de Russie, d'Angleterre et d'Italie ; aux drogmans de ces

(1) V. le *Frankfurter Zeitung* du 15 novembre 1895.

(2) On peut voir, par exemple, le manifeste des revendications du Comité libéral ottoman qui s'intitule « Comité ottoman du Progrès, de l'Union et des Réformes » (Le *Temps* du 5 décembre ; l'*Asty* et l'*Acropolis* du 16 décembre 1895).

(3) On sait que Mourad Bey, ancien Commissaire impérial de la Dette ottomane, après diverses démarches inutiles auprès du Sultan pour lui indiquer certaines réformes, a dû s'enfuir et quitter le pays. Il a publié à Paris une brochure intitulée : *Le Palais de Yiédiz et la Sublime Porte*, dénonçant le *Palais impérial* comme le foyer de tout le mal et de toute l'anarchie qui mène le pays aux abîmes. Mourad s'étant réfugié en Égypte, le gouvernement ottoman, après avoir vainement demandé son extradition au gouvernement égyptien, l'a fait condamner à mort et a fait prononcer la confiscation de ses biens (V. la *Dernière Nouvelle* du 15 décembre 1895 et le *Journal de Genève* du 10 février 1896). Quant à Izzet Pacha, ex-écuyer en chef de S. M., accusé de haute trahison pour avoir soumis au Sultan un Mémoire pessimiste sur la situation de l'Empire, il a été traduit devant une Cour martiale et condamné à la dégradation et au bannissement (Le *Temps* du 28 décembre 1895).

(4) Les *Jeunes Turcs* et les Arméniens ne sont pas du reste seuls à souffrir de ces mesures par trop préventives. Elles ont atteint également tous les mécontents, désignés à la vindicte de ceux qui détiennent actuellement le pouvoir par un mot imprudent et le zèle des espions. Il en a été notamment ainsi des *softas* (étudiants des écoles de théologie), toutes les fois que les cadeaux divers et les douceurs envoyés par S. M. n'ont pas réussi à les calmer (Le *Temps* du 14 décembre), des militaires et même, paraît-il, des fanatiques *Vieux Turcs* (Le *Temps* des 18 et 31 décembre 1895 et 1er janvier 1896 ; le *Petit Temps* du 26 janvier 1896 ; le *Journal de Genève* des 7, 12, 23 et 24 février, 1er et 24 mars 1896). — Sur le sens et la classification des différents partis politiques en Turquie, V. le *Temps* du 4 décembre 1895 et le *Petit Temps* du 26 janvier 1896. — Le 14 novembre, le navire *Minerva* du Lloyd autrichien, venant de la mer Noire, a rencontré, un peu avant l'entrée du Bosphore, un navire ottoman remorquant trois *mahones* pleines de softas et de soldats poussant des cris sinistres. Quelque temps auparavant on avait parlé d'une autre cargaison d'une cinquantaine de softas noyés près les Îles des Princes ; mais ce fait, n'ayant pas eu des témoins indépendants, a pu être démenti par les Turcs.

ambassades le Département de la police répondit que 180 Arméniens seulement avaient été *rapatriés* dans leurs districts d'origine (1) !

III. Après cet exposé des faits et de l'attitude des Turcs, voyons maintenant quelle a été la conduite des puissances étrangères. Qu'ont-elles fait, soit pour arrêter les désordres ou en empêcher de nouveaux, soit pour contribuer dans une certaine mesure à l'amélioration de la situation ?

Leurs actes, à cet égard, ont été collectifs ou individuels. Ce sont les premiers qui doivent surtout nous préoccuper ici. Il suffira après d'énumérer rapidement les seconds.

Le 2 novembre avait lieu à Londres, sous la présidence du Duc de Westminster, un meeting du Comité anglo-arménien, qui adopta à l'unanimité une résolution exprimant le regret que les négociations de Constantinople n'eussent pas abouti à l'obtention de réformes administratives suffisantes, et priant les cinq grandes puissances de coopérer cordialement avec l'Angleterre pour sauver les Chrétiens persécutés et rétablir l'ordre au profit de tous les habitants de l'Empire ottoman. Cette résolution a été envoyée au *Foreign Office* ainsi qu'aux ambassadeurs des cinq puissances à Londres, avec prière de la transmettre à leurs gouvernements (2). Le vœu qu'elle exprimait n'a pas tardé à être exaucé.

Le 5 novembre, en effet, des représentations verbales (3) furent faites à la Sublime Porte de la part des ambassadeurs des six grandes puissances à Constantinople. Ceux-ci lui rappelèrent les massacres des Chrétiens de Syrie en 1860, qui avaient également motivé l'intervention de l'Europe, et lui demandèrent de conjurer le danger actuel en prenant au plus vite les mesures nécessaires (4). Ainsi, l'intervention collective des six grandes puissances européennes, qui s'était manifestée au lendemain des désordres de Constantinople, continuait son œuvre.

A cette démarche des ambassadeurs, la Porte répondit en énumérant les réserves de l'armée qu'elle appelait sous les armes pour contribuer au rétablissement de l'ordre (5). En même temps, le ministre des affaires

---

(1) Le *Temps* du 6 décembre 1895.

(2) Le *Temps* des 5 et 10 novembre 1895 ; la *Neue Freie Presse* du 7 novembre 1895.

(3) Le drogman de l'ambassade de France a seul remis une Note écrite (Le *Temps* du 7 novembre 1895).

(4) La *Neue Freie Presse* du 7 novembre 1895.

(5) V. le *Temps* du 8 novembre 1895. Cette mesure a été démontrée par la suite bien insuffisante. Outre que le chiffre des soldats appelés ainsi sous les drapeaux, et que la Porte fixait à 80.000, ne dépassait guère une soixantaine de mille hommes, un grand nombre d'entre eux ont refusé de marcher, soit qu'ils n'aient pas voulu aller se battre contre leurs coreligionnaires, soit pour des raisons plus matérielles encore. L'argent nécessaire, en effet, pour l'équipement, l'entretien et l'expédition de ces soldats faisait défaut. Pour en trouver, on songea bien à négocier avec la Régie des tabacs la prolongation de son monopole pour 35 ans, en échange de quoi elle donnerait au gouvernement turc une « bonifica-

étrangères affirmait au dehors que les ministres travaillaient de leur mieux pour exécuter le projet des réformes (1).

Malheureusement, ces bonnes dispositions ne purent durer longtemps. En effet, dans la nuit du 6 au 7 novembre, le ministère Kiamil était congédié et remplacé par le ministère Rifaat (2). Ce changement de personnes, salué comme l'avènement de la réaction, aggravait la situation, en faisant succéder à un chef du pouvoir qui avait essayé de réclamer pour la Sublime Porte une action forte et indépendante des intrigues du Palais, des personnes sans programme, pour ne pas dire sans scrupules, dont le seul mérite était de pouvoir être des serviteurs obéissants et aveugles, à la disposition d'un monarque autocrate (3).

tion » de 100.000 livres turques. Mais le Grand Vizir, dans un rapport soumis au Sultan, conclut contre cet arrangement, et l'on croit savoir que l'échec de son fils, qui n'a pu toucher la somme promise pour son entremise dans cette affaire, n'était pas étranger à ces conclusions, motivées officiellement par les conditions onéreuses proposées par la Régie.

(1) Le *Temps* du 9 novembre 1895.

(2) Le nouveau ministère. composé, à une ou deux exceptions près, de personnes de peu d'importance, instruments dociles de la volonté impériale, était la conséquence logique des conditions dans lesquelles Kiamil Pacha était tombé du pouvoir, remercié pour avoir osé déclarer la nécessité d'un gouvernement fort et indépendant des manœuvres occultes qui se trament dans les coulisses du Palais. Il n'est pas sans intérêt de rappeler à ce propos que, le lendemain de la révocation de Kiamil, les trois ambassades reçurent, au matin, un avertissement anonyme annonçant que la vie de Kiamil était en danger et qu'il était urgent de pourvoir à son salut. Un drogman alla aussitôt au Palais représenter, au nom des trois ambassadeurs, l'impression fâcheuse qu'un tel « accident » ne manquerait pas de causer en Europe. Kiamil eut ainsi la vie sauve et réussit même à éviter, grâce surtout à l'intercession amicale des ambassadeurs, son exil au gouvernement d'Alep, par sa nomination au poste moins dangereux de gouverneur d'Aïdin (à Smyrne).

(3) Pour s'expliquer cette situation anormale, il faut savoir : 1° que le Sultan actuel, monté sur le trône à la suite de la mort mystérieuse de son oncle Aziz et de l'internement de son frère Mourad, qu'on a fait passer l'un pour suicidé et l'autre pour aliéné, est constamment inspiré par la peur d'être détrôné dans des conditions également irrégulières ; ce sentiment de la *peur*, soigneusement entretenu par son entourage, est peut-être le principal facteur de la politique turque actuelle ; 2° qu'Abd-ul-Hamid, dans son désir de faire du bien, a tenu à concentrer entre ses mains toute l'administration de l'Empire ; 3° qu'ayant grande confiance dans ses bonnes intentions, il trouve logique de s'entourer de gens sans valeur, qui soient ses instruments dociles, plutôt que de gens capables, qui ne voudraient pas partager en tout sa manière de voir. On comprend dès lors que des courtisans de bas étage, des aventuriers sans moralité aucune, des intrigants vénaux et délateurs soient parvenus rapidement à devenir ses conseillers habituels et à constituer ce qu'on appelle *le Palais*. En même temps, comme il est de toute évidence que l'administration d'un vaste Empire excède les forces naturelles d'un seul homme, si bien intentionné soit-il, on conçoit aisément que, le gouvernement tout entier tenant dans la main d'un souverain mal préparé pour ses hautes fonctions, énervé par l'excès de travail, les soucis et les mauvais conseils, l'administration de l'Empire ait été dévolue peu à peu aux mains de ceux qui entourent le Souverain, tandis que le pouvoir de la Sublime Porte et des ministres se trouvait annihilé dans une mesure correspondante et que les hommes capables et honnêtes, que la Turquie pouvait avoir, se trouvaient éliminés de la vie active (Le *Temps* du 22 décembre). On trouvera d'intéressants renseignements sur la valeur et la moralité

Kiamil Pacha étant tombé pour avoir soutenu auprès du Sultan la nécessité de constituer un gouvernement ferme et libre comme condition première du rétablissement de l'ordre, on espéra que l'Europe, qui intervenait justement dans ce but, allait insister auprès du Souverain pour appuyer ce *desideratum*, réclamé par tous les hommes compétents en Turquie, et contribuer ainsi avant tout à mettre un terme à l'anarchie gouvernementale, source de tant de maux. Les *Jeunes Turcs*, très hostiles en principe à l'intervention étrangère, la désiraient ardemment dans cette occasion, puisqu'elle aurait conduit à la réalisation du premier article de leur programme. Mais on dut bientôt se convaincre qu'un tel changement ne pouvait s'opérer sans un changement de la personne même du Souverain actuel : celui-ci et son funeste entourage ne consentiraient pas aisément à voir la Sublime Porte reprendre le pouvoir et l'indépendance qu'ils lui ont progressivement enlevés. Il aurait donc fallu, au besoin, agir en conséquence pour amener un tel changement. C'était la voie à suivre, la plus logique et probablement aussi la plus efficace, sinon la plus facile. On ne s'y engagea pas. Le premier ministre d'Angleterre se borna, dans son discours du 9 novembre au Guidhall, à signaler les dangers du système vicieux par lequel est gouverné l'Empire ottoman et à prédire au Sultan ainsi qu'à ses conseillers le châtiment que, suivant le cours naturel des affaires de ce monde, l'excès des abus amène pour tout mauvais gouvernement (1). On se contenta de continuer, comme par le passé, à négocier avec le gouvernement du moment. Lord Salisbury venait d'indiquer, dans ce même discours, que la nécessité la plus intense pour l'instant était d'assurer à tous les sujets de l'Empire ottoman un bon gouvernement, et que les puissances n'avaient d'autre but que de procurer l'absolue justice à tous les habitants de la Turquie. Ces paroles tranquillisèrent sur les intentions vraies de l'Angleterre, et on se flatta de l'espoir d'en poursuivre la réalisation, en maintenant le même système et le même personnel.

Le 11 novembre, les ambassadeurs renouvelèrent, avec plus d'énergie,

des hommes qui détiennent actuellement le pouvoir, et spécialement des ministres turcs, dans la *Pall Mall Gazette* du 17 août 1895 et dans le *Temps* du 5 décembre 1895. Mais on voit que, pour démêler les responsabilités dans tout ce qui se passe actuellement en Turquie, il faut distinguer : 1° le *Souverain*, qui, malgré toutes les bonnes intentions qu'il peut avoir, se trouve débordé et mal compris par ceux qui gouvernent en son lieu et place ; 2° son entourage, ou le *Palais*, qui est le véritable maître, et 3° la *Sublime Porte*, qui ne compte guère. C'est le Palais qui administre en réalité ; c'est lui qui donne directement des ordres aux fonctionnaires de tout ordre, qui doivent s'y conformer.

(1) On sut cependant, par la suite, que l'Angleterre s'était montrée disposée à poursuivre la constitution d'un ministère turc indépendant ; mais elle ne put insister, n'ayant pas rencontré l'appui des autres puissances (V. le *Journal de Genève* du 22 février 1896. V. aussi le *Daily News* du 18 décembre 1895).

auprès du nouveau ministre des affaires étrangères les représentations sur la situation en Anatolie, faites le 5 auprès de son prédécesseur, et insistèrent pour savoir quelles mesures la Porte avait prises en vue du rétablissement de l'ordre (1).

La Porte renouvela ses assurances, et, le 14, elle porta officiellement à la connaissance du public l'appel sous les drapeaux des *rédifs* ou réservistes (2). En même temps, le nouveau Grand Vizir envoyait aux gouverneurs des provinces une circulaire pour empêcher les populations d'intervenir dans la répression des désordres (3).

Néanmoins, on ne se contenta pas de ces mesures. Les circonstances devenaient trop graves et trop urgentes pour que la nécessité d'une action européenne plus forte ne se fît de plus en plus sentir. C'est alors que le Comte Goluchowski, ministre des affaires étrangères austro-hongrois, prit l'opportune initiative de proposer une action commune et collective des six puissances signataires du traité de Berlin, action qui, en augmentant l'importance et l'efficacité de l'intervention européenne dans les affaires de Turquie, aurait en même temps l'avantage de rendre tout acte, de sa part, collectif et concerté, et d'écarter ainsi le danger d'une action séparée (4).

Cette action collective de l'Europe, inspirée par la nécessité de préserver quant à présent l'intégrité de l'Empire ottoman (5), devait poursuivre avant tout le rétablissement de l'ordre, particulièrement dans la Turquie d'Asie, et la cessation de cette espèce de guerre civile qui continuait à désoler cette contrée, malgré les instructions télégraphiques aux valis et aux commandants de corps d'armée et en dépit des mesures pri-

---

(1) Le *Temps* du 13 novembre 1895.

(2) V. le *Moniteur oriental* du 14 novembre 1895 et le *Manchester Guardian* du 16 novembre 1895. Cette communication officielle se terminait par ces mots : « Il n'y a pas de doute que l'ordre et la tranquillité ne soient incessamment rétablis partout, sous les hauts auspices de S. M. I. le Sultan ».

(3) Cette circulaire, qui reflète bien l'état des esprits du moment, ajoutait : « Les autorités civiles et militaires devront agir *avec la dernière énergie*, mais en punissant *les seuls auteurs des troubles* ; tout fonctionnaire qui ne s'opposerait pas à l'intervention des populations sera tenu pour responsable des désordres et puni avec la dernière sévérité. Les fonctionnaires devront envoyer des *rapports exacts* pour permettre au gouvernement d'appliquer les mesures nécessaires ». On sait comment ces instructions ont été suivies.

(4) On était en ce moment préoccupé du danger que l'accession de l'Italie seule aux trois puissances intervenantes aurait pu faire courir au maintien de la paix, en entraînant l'Angleterre plus loin peut-être qu'elle ne l'aurait voulu. Cela a été du reste récemment avoué par le promoteur lui-même de cette « entente ». Dans son discours à la commission du budget de la Délégation autrichienne, le comte Goluchowski a convenu que l'intervention collective de l'Europe était destinée à paralyser l'action séparée (V. *Journal de Genève*, 13 juin 1896).

(5) Le *Temps* du 13 décembre 1895.

ses avec une certaine ostentation à Yildiz-Kiosk. La question des réformes arméniennes ne devait revenir qu'une fois ce premier point résolu.

C'est cette marche que l'Europe dans son ensemble jugea nécessaire de suivre, en distinguant et en échelonnant les deux questions pour ne pas retarder ou empêcher la restauration de la paix ; et toutes les puissances faisant partie du « concert européen » furent bien obligées de se rallier à cette manière de procéder, quand bien même elles eussent personnellement préféré une action plus prompte (1).

L'entente ainsi établie, il fallait l'éprouver et agir. La situation empirait tous les jours. On a vu ce qu'elle était en Asie. Mais, jusque dans la capitale elle-même, elle ne laissait pas que d'être fort peu rassurante. Des placards séditieux, témoignage de l'effervescence qui agitait le monde musulman, y étaient découverts journellement (2). On devait donc pourvoir avant tout à la sécurité de la capitale. Dans ce but, on décida d'adjoindre aux petits navires de guerre étrangers, appelés *stationnaires*, qui se trouvent à Constantinople à la disposition des ambassades respectives, un nouveau contingent de six stationnaires (un pour chaque grande puissance) (3) : cette force militaire pouvait contribuer à rassurer les habitants justement inquiets de la capitale ; portant l'équipage des navires de deux cent cinquante environ à plus d'un millier de soldats européens, la mesure permettait le cas échéant de circonscrire les dangers d'une révolution dans les rues de Constantinople (4) ; enfin elle était de

(1) V. le *Times* du 26 novembre 1895. — Il s'est élevé en ce moment, sur la manière dont l'action commune se serait exercée, un dissentiment entre l'Autriche et la Russie. La première proposait d'accorder aux ambassadeurs des six puissances à Constantinople une certaine liberté d'action, puisqu'étant sur place ils étaient mieux à même de connaître les besoins de la situation et de concerter plus promptement les mesures nécessaires. La Russie, au contraire, tenait pour l'observation rigoureuse de la pratique, amenée dans les temps modernes par la rapidité des moyens de communication, et qui oblige les représentants d'un État à l'étranger à ne rien faire sans en avoir d'abord référé à leur gouvernement et s'être préalablement concertés avec lui. La procédure proposée par l'Autriche, bien qu'elle parût rétrograde, avait cependant l'avantage considérable de compenser, dans une notable mesure, par la promptitude, les lenteurs inhérentes à la mise en mouvement de cette lourde machine qui est « le concert européen », avantage d'autant plus précieux devant l'urgence de la situation. Néanmoins, c'est le point de vue de la Russie (le maintien du *statu quo* moderne) qui, grâce à l'insistance de celle-ci, finit par prévaloir.

(2) C'étaient tantôt des placards constitutionnels émanant des *Jeunes Turcs*, tantôt des placards antichrétiens du parti rétrograde et fanatique des *Vieux Turcs* (V. le *Manchester Evening News* du 20 novembre).

(3) Cette idée aurait, paraît-il, été comprise dans la circulaire adressée par le Comte Goluchowski aux puissances (V. le *Temps* du 11 décembre 1895).

(4) Pour apprécier justement cet avantage, il ne faut pas s'attacher exclusivement au chiffre relativement peu élevé de cette force militaire. Il ne faut pas oublier que ce sont 200 marins à peine, grecs et américains, qui contribuèrent à restreindre notablement les désordres à Alexandrie, lorsque, au moment du bombardement en 1882, Arabi Pacha ouvrit les portes des prisons pour se venger des Anglais, en jetant les forçats contre les habitants

nature éventuellement à appuyer plus efficacement auprès des gouvernants les demandes légitimes de l'Europe unie. Les six ambassades demandèrent en conséquence au Sultan d'autoriser officiellement le passage par les détroits des seconds stationnaires et leur entrée dans le port de Constantinople.

Cette question soulève un point de droit, sur lequel il convient de s'expliquer de suite. D'après l'article 2 de la convention du 30 mars 1856, conclue entre la France, l'Autriche, la Grande-Bretagne, la Prusse, la Russie, la Sardaigne et la Sublime Porte, et annexée au traité de Paris de la même date, « le Sultan se réserve, comme par le passé, de délivrer des firmans de passage aux bâtiments légers sous pavillon de guerre, lesquels seront employés, comme il est d'usage, au service des légations des puissances amies » (1). Cette clause figurait déjà dans la convention des détroits du 13 juillet 1841. L'article 3 de l'acte de 1856 applique la même règle aux bâtiments légers autorisés à faire station aux embouchures du Danube et dont le nombre ne devra pas excéder deux pour chaque puissance. Ces textes établissent ainsi une exception au principe de l'interdiction de l'entrée à Constantinople de navires de guerre étrangers, principe qu'avait posé la convention de 1841 et que reproduisait l'arrangement de 1856 dans son article 1er. La convention de 1856 a été maintenue en vigueur par le traité de Londres du 13 mars 1871 (art. 2 et 8), ainsi que par le traité de Berlin du 13 juillet 1878 (art. 63). D'autre part, l'exception prévue par cette convention pour les bâtiments légers est indépendante de l'interprétation de la convention de 1841 par les différentes puissances signataires et des réserves ou déclarations qu'elles ont pu faire sur cette interprétation (2). Rien ne s'opposait donc à ce que les grandes puissances demandassent au Sultan l'accroissement de forces qu'elles jugeaient nécessaire par le dédoublement de leurs stationnaires, ni à ce que le Sultan fît droit à leur requête (3).

de la ville. Un corps de 1100 à 1200 hommes organisés aurait donc, le cas échéant, une très grande utilité à Constantinople, surtout si l'on songe que les Turcs n'y ont pas une grande quantité d'armes à feu à leur disposition, et qu'ils cèdent lorsqu'ils rencontrent de la résistance qui peut leur en coûter.

(1) V. Testa, *Recueil des traités de la Porte ottomane*, t. V, p. 178.

(2) On sait que notamment la Grande-Bretagne et la Russie ont des idées toutes différentes sur ce point. V. sur cette question un intéressant article paru dans l'*Hestia* d'Athènes du 28 novembre/10 décembre 1895.

(3) Les termes précités de l'article 2 de la convention de 1856 autorisent même à penser que d'autres États auraient également le droit de lui adresser une demande analogue, puisque le bénéfice de l'exception qui y est établie n'est pas limité aux seuls États signataires de la convention. La Grèce (qui avait eu auparavant, pendant plusieurs années, un stationnaire à Constantinople), et les États-Unis avaient eu, paraît-il, l'intention de s'en prévaloir, dans l'intérêt de la sécurité de leurs ressortissants dans l'Empire ottoman ; mais le

. C'est ainsi du reste que la question a été finalement comprise, en droit, par le grand Conseil turc convoqué à cet effet le 20 novembre, et dans lequel on avait adjoint pour la circonstance aux ministres tous les hauts fonctionnaires, civils, militaires et navals de l'Empire (1).

Mais les Turcs firent à la demande des puissances une objection de fait et d'opportunité. Ils prétendirent que la vue des seconds stationnaires serait l'occasion de troubles à Constantinople (2), alors que les ambassadeurs pensaient au contraire qu'ils seraient un gage de plus pour le maintien de la sécurité publique. Les Turcs assurèrent bien les ambassadeurs des intentions pacifiques des Musulmans à l'égard des étrangers et des Chrétiens indigènes, mais ils ajoutèrent qu'il était à craindre que l'entrée des stationnaires ne provoquât de la part des Arméniens (*sic*) une nouvelle agitation presque éteinte (3). C'est sur cette question de fait et d'appréciation que les négociations traînèrent en longueur, les allégations turques pouvant d'autant moins convaincre les ambassadeurs qu'elles coïncidaient avec l'arrivée peu rassurante à Constantinople d'un corps de 200 Kurdes, précédant tout un régiment de cette catégorie qui y avait été appelé (4).

La véritable raison de ces difficultés était que les Turcs désiraient gagner du temps et faire diversion en concentrant l'attention de l'Europe sur un point après tout secondaire, afin de la détourner ainsi de ce qui se passait en Arménie. En outre, ils croyaient pouvoir refuser l'autorisation de passage qui leur était demandée, dans la pensée que les grandes puissances n'étaient pas d'accord entre elles sur le degré d'insistance qu'elles mettraient dans leur demande. Plusieurs prières de

premier de ces États se borna à mobiliser une partie de sa flotte, en vue de toute éventualité ; quant au second, il forma en réalité une demande à cet égard, mais il n'a pas encore été fait droit à sa demande (Le *Temps* du 25 janvier 1896).

(1) V. le *Manchester Guardian* du 22 novembre 1895 ; le *Temps* du 26 novembre 1895. Il se produisit alors, paraît-il, une nouvelle divergence entre le gouvernement turc et le Palais : la plupart des ministres conseillant d'accorder l'*iradé* autorisant le passage de six nouveaux stationnaires par les détroits, et le Palais s'y refusant (Le *Temps* du 28 novembre).

(2) Le Palais invoqua même, pour justifier son obstination, des rapports de police faisant prévoir que « tout déploiement de force étrangère surexciterait les mécontents de toute catégorie, qui n'attendent qu'un prétexte pour se soulever » (V. le *Temps* des 28 et 30 novembre). En même temps, on essayait de s'assurer le refus du Sultan, en développant la peur qu'on entretient soigneusement dans son esprit, pour le mieux tenir, par l'insinuation que l'appoint de forces demandé par les ambassadeurs était destiné à aider à sa déposition (V. l'*Acropolis* du 8 décembre).

(3) Cette allégation est à rapprocher de celle contenue dans une communication officielle publiée par les journaux de Constantinople le 10/22 novembre, et dans laquelle le gouvernement turc affirmait que « les Mahométans n'ont *jamais commis aucun acte de violence à l'égard de leurs voisins et concitoyens chrétiens* », et qu' « *il n'est pas probable qu'ils en commettent jamais* » !

(4) L'*Asty* du 14 décembre 1895.

ne pas insister, faites individuellement auprès de quelques-unes des puissances (1), le prouvent bien clairement. Dans cet espoir, au moindre détail ils croyaient découvrir l'indifférence ou le désaccord de tel ou tel des États dans la question des stationnaires. C'est particulièrement sur le désistement de l'Allemagne, et surtout de la Russie, qu'ils paraissent avoir le plus compté (2). Le Sultan aurait même tenté, sans succès, une démarche personnelle auprès des Souverains de ces deux puissances, qui restèrent cependant inflexibles (3).

C'est dans ces conditions que la visite faite au Sultan, le 9 décembre, par l'ambassadeur de Russie, porteur d'une lettre de son Souverain, conseillant à Abd-ul-Hamid de ne plus résister s'il voulait éviter des complications plus grandes, finit par avoir raison de l'opposition des Turcs. Cette démarche montrait qu'ils avaient compté à tort sur le désaccord des puissances ; en même temps elle rehaussait, aux yeux du public, le prestige de l'ambassadeur du Tsar, auquel on fut porté à attribuer ce succès (4). Le fait est que la démarche de ce dernier mit en évidence l'accord complet des puissances. Celles-ci étaient alors décidées à en finir ; elles avaient un instant songé à fixer au Sultan un dernier délai, après lequel elles auraient passé outre (5). Le Sultan, en cédant alors devant l'attitude des puissances, déclara toutefois n'avoir jamais opposé de refus à leurs vœux ; « il s'était contenté d'une objection d'opportu-

(1) Il en a été ainsi de la Russie, de l'Autriche-Hongrie, de l'Allemagne et de la France (Le *Temps* du 6 décembre).

(2) L'Allemagne avait déclaré en effet que, pour des raisons de « technique navale », elle ne pourrait pas envoyer pour le moment un second aviso à Constantinople ; quant à la Russie on espérait que, par animosité contre l'Angleterre, elle pourrait manifester à nouveau les dissidences qui se firent jour au Congrès de Berlin (séances des 11 et 12 juillet 1878) par les déclarations individuelles annexes sur l'interprétation de la convention des détroits.

(3) Le *Temps* du 12 décembre 1895.

(4) Il paraît toutefois qu'en réalité l'honneur de ce succès revient surtout à l'attitude énergique du gouvernement anglais, qui, pour stimuler le zèle de ses partenaires, déclara nettement que l'échec de l'Europe dans cette question affecterait non seulement son prestige mais aussi la sécurité même des habitants de l'Empire ottoman, exposés à une explosion du fanatisme musulman, devenu d'autant plus arrogant après cet échec de leurs protecteurs officiels, et que, si les autres puissances ne voulaient pas insister, elle était, elle, résolue à forcer au besoin le passage des Dardanelles, malgré les torpilles que les Turcs continuaient à immerger, décidée à faire suivre toute son escadre de la Méditerranée au premier coup de canon qui serait tiré par les forts turcs. Elle rappelait ainsi que la convention des détroits ne la lie qu'à l'égard du Sultan exclusivement, ce qu'elle avait déjà montré en forçant le passage en 1877. C'est pour éviter une telle éventualité, qui eût probablement aussi entraîné à sa suite l'Italie et l'Autriche, que le gouvernement français aurait attiré sur elle l'attention du gouvernement russe et montré la nécessité de mettre un terme aux hésitations de l'Europe (V. le *New-York Herald* du 16 décembre 1895).

(5) Le *Temps* des 1er, 6 et 9 décembre 1895.

nite, et comme les conditions avaient changé il venait justement de se décider à donner les *firmans* d'entrée aux stationnaires » (1).

. L'autorisation (*iradé*) du dédoublement des stationnaires fut accordée le 10 décembre. Elle était subordonnée aux trois conditions suivantes :

1° Les nouveaux stationnaires ne seraient que des navires légers.

2° Ils n'entreraient à Constantinople que successivement, l'un après l'autre (pour éviter l'effet d'une démonstration navale).

3° L'autorisation les concernant n'était accordée que provisoirement (2).

Seule la première de ces conditions aurait pu, par la suite, faire naître quelques difficultés. Néanmoins, l'essentiel était que l'on fût enfin parvenu à obtenir, en principe, l'autorisation du dédoublement.

En vertu de l'*iradé*, des firmans ou autorisations particulières ont été en même temps accordés aux vaisseaux qui allaient en profiter. Toutes les grandes puissances, sauf l'Allemagne, s'empressèrent d'envoyer de nouveaux stationnaires à Constantinople (3). Les journaux turcs expliquèrent leur arrivée par la nécessité où se trouvaient les ambassades d'éloigner leurs anciens stationnaires, soit pour cause de réparations, soit pour les envoyer au Danube ! (4). Mais l'arrivée du premier de ces nouveaux stationnaires, le 12 décembre, n'a pas moins coïncidé avec un petit événement, qui montre à quel point était arrivée la surexcitation des esprits dans la capitale. Les Turcs avaient tant répété que l'arrivée des navires serait l'occasion de troubles, et les nerfs étaient à la fin tellement tendus, qu'il a suffi de quelques coups de feu (5) pour créer une panique générale dans tous les quartiers de la ville (6). Les magasins furent aussitôt fermés, et les rues remplies de gens, qui se sauvaient pour retourner chez eux ou se réfugier dans quelque ambassade (7), « fuyant les massacres » (8).

Ainsi prit fin cette question des stationnaires, que les Turcs surent exploiter assez habilement pour mettre à une dure épreuve ce qu'on ap-

---

(1) Le *Temps* du 18 décembre 1895.

(2) L'*Asty* des 14 et 15 décembre 1895.

(3) Les deux stationnaires anglais furent aussitôt cernés par des bateaux turcs qui les surveillaient, mais qui durent s'éloigner sur les représentations de l'ambassade britannique.

(4) V. l'*Iedam* et le *Sabah* du 13 décembre 1895.

(5) Ces coups de feu étaient-ils simplement ceux d'un Arménien ayant une discussion d'intérêt avec un de ses coreligionnaires, ou ce fait n'a-t-il servi qu'à masquer la bagarre qui suivit la découverte à Yéni Djami du complot des Softas qui avaient préparé une manifestation devant coïncider avec l'entrée des stationnaires ? C'est la première version qui a été généralement crue. L'*Agence Havas* a présenté la seconde comme la plus exacte (V. le *Temps* du 16 décembre 1895 et l'*Asty* du 20 décembre 1895).

(6) V. les détails dans l'*Acropolis* du 17 décembre 1895.

(7) Le *Temps* des 15 et 18 décembre 1895.

(8) Le gouvernement turc pour calmer les esprits interpréta la panique à sa façon, en annonçant que c'était un lion qui venait de s'échapper de sa cage !

pelait encore « le concert européen ». En concentrant l'attention et les efforts des grandes puissances sur ce point, ils réussirent ainsi à user leur énergie et leur entente.

Un autre incident, plus piquant encore, et intéressant au point de vue du droit, a coïncidé avec les négociations pour les stationnaires, auquel il se rattache du reste en partie. Le 4 décembre, l'ancien Grand Vizir Kioutchouk Saïd Pacha se réfugia avec son fils à l'hôtel de l'ambassade d'Angleterre, ayant des raisons de penser que sa vie était en danger. Qu'un homme de cette importance, qui a servi son pays pendant quarante-trois ans, y ayant occupé les plus hauts postes (cinq fois grand vizir), connu pour ses talents et pour ses sentiments antichrétiens, se soit décidé à se réfugier dans une ambassade chrétienne pour y chercher asile, c'était déjà un fait des plus caractéristiques de l'état de choses actuel en Turquie, venant quelques semaines après la soudaine disgrâce et l'exil déguisé de son successeur au pouvoir, Kiamil Pacha. Saïd était, par sa longue expérience, mieux en mesure que personne de connaitre les procédés de ses compatriotes et de juger du degré de sécurité dont on jouit, même et surtout dans les hauts milieux ; de là, la gravité de sa démarche d'autant plus significative que d'autres fonctionnaires ottomans avaient tout récemment montré la même prudence (1). Les conditions dans lesquelles cette démarche avait eu lieu achèvent de la caractériser.

Saïd avait été chargé par le Sultan de faire des tentatives auprès des ambassadeurs pour les dissuader d'insister sur la question des stationnaires. Mais c'est lui qui fut convaincu par les raisons que ceux-ci lui expliquèrent. Ce résultat contraria vivement le Souverain et l'indisposa à son égard (2). C'est dans ces dispositions que le Sultan lui exprima, le 2 décembre, sa volonté de le voir à la tête d'un nouveau ministère qu'il songeait à constituer, et qui devait réunir ces deux conditions, incompatibles, d'être composé d'hommes de plus grande capacité et notoriété et de continuer en même temps à être un instrument docile entre les mains du Sultan et des gens de sa Cour. Saïd réclama avant tout la *constitution d'un ministère indépendant et responsable*, la réduction du pouvoir actuel du Souverain dans des limites moins anormales, et la révocation d'un certain nombre de fonctionnaires du Palais, vils courtisans qu'il n'avait pas hésité à dénoncer comme les principaux auteurs de tout le mal (3). Sur ce, le Sultan, contrarié et mécontent, le renvoya, et on

(1) Tels, notamment, ces trois généraux du corps d'armée d'Andrinople qui se réfugièrent à Athènes, et que le gouvernement hellénique refusa d'extrader.

(2) Le *Temps* du 7 décembre 1895.

(3) Le *Temps* du 14 décembre 1895.

peut penser que ceux dont la position se trouvait menacée ne manquè-
rent pas d'exploiter auprès du Souverain cet incident, compromettant
pour l'anarchie et le terrorisme par lesquels ils se maintiennent. Le lendemain, le Sultan annonça à Saïd son intention de confier la direction
des affaires de l'État à un nouveau haut fonctionnaire (une sorte de chan-
celier), qui remplacerait le Grand Vizir, et de le mettre, lui Saïd, à ce
nouveau poste. En même temps il lui donna l'ordre d'aller habiter au
Palais avec toute sa famille. Cette offre d'hospitalité sourit fort peu à
Saïd, qui n'aurait pu se résigner à l'obéissance aveugle qu'on attendait
de lui ; et il se montra d'autant moins pressé à l'accepter qu'on lui dé-
signait comme demeure le pavillon occupé jadis par le malheureux
Midhat Pacha, dont les idées relativement libérales avaient causé l'exil
et la mort. Saïd se rendit alors chez lui pour emmener son jeune fils,
et de là partit se réfugier à l'ambassade anglaise où il fut très bien reçu.
Le Sultan le fit réclamer aussitôt. Mais, sir Philip Currie fit nettement
savoir qu'il ne saurait le forcer à quitter l'hôtel de l'ambassade. Dans
cette attitude *l'ambassadeur britannique fut soutenu par le corps diplomatique tout entier*, auquel Saïd aurait déclaré, en arrivant à l'ambassade, faire appel pour la protection de sa personne et de celle de son
fils (1).

On a prétendu qu'une pareille attitude n'était pas conforme aux habi-
tudes quotidiennes de la diplomatie et qu'elle ne se justifiait que par
l'état de choses extraordinaire qui régnait à Constantinople (2). On con
vient cependant qu'il y a eu en ce sens des précédents. Tels, celui de
Midhat, qui, lors du procès d'État dans lequel Abd-ul-Hamid voulut étouffer les vestiges de la Constitution, se réfugia dans la nuit du 16 au 17 août
1881 au consulat de France à Smyrne, et que le corps consulaire refusa
de livrer à la Porte ; Midhat finit par se rendre bénévolement sur la foi
d'une dépêche du ministre de la justice lui garantissant la sécurité de sa
personne (3) ; celui de Mavroyéni Pacha, médecin particulier du Sultan,
accusé de haute trahison, et réfugié dans l'ambassade de Russie ; celui
du maréchal espagnol Serrano, un vaincu de la politique, qui trouva asile
à l'ambassade britannique à Madrid, où d'autres réfugiés politiques
avaient été déjà sauvés. Mais, outre ces précédents, il faut remarquer
que, dans le cas présent, on n'imputait à Saïd aucun fait délictueux précis (4). Saïd avait des raisons de croire sa vie en danger. On ne pouvait

(1) V. le *Temps* des 10 et 14 décembre 1895.
(2) V. le *Temps* du 9 décembre 1895.
(3) Le *Temps* du 14 décembre 1895.
(4) L'eût-on fait d'ailleurs, on n'aurait pu alléguer qu'un délit politique, et en pareil
cas le droit d'asile de l'ambassade ne saurait être mis en doute.

donc pas le livrer, sans lui refuser l'asile qu'il était venu chercher à l'ambassade.

Aussi, le Sultan, après lui avoir fait exprimer jusqu'à treize fois le désir de le voir quitter l'ambassade, lui transmit en dernier lieu, par l'intermédiaire des six ambassadeurs, une lettre l'assurant formellement que sa vie ne courait aucun danger et qu'il serait libre d'habiter, dans la capitale, où il voudrait (1). Des assurances analogues avaient été données par le Sultan aux représentants des puissances. C'est dans ces conditions que Saïd consentit à quitter l'ambassade ; il retourna chez lui dans la soirée du 9 décembre, accompagné du premier drogman de l'ambassade (2). En partant, il laissa à l'adresse de sir Philip Currie une lettre par laquelle il déclarait s'en aller de sa propre volonté (3). L'ambassadeur, de son côté, se conformant aux instructions de son gouvernement, écrivit aussitôt au ministre des affaires étrangères pour constater que Saïd n'avait quitté l'ambassade que sur les assurances, itérativement et officiellement données à lui et aux ambassadeurs, que sa vie ne courait aucun danger, et exprimer l'espoir que cette promesse serait tenue (4).

Quelles ont été les conséquences pratiques de cet incident ? Si, d'une part, il a éloquemment flétri le régime actuel, en montrant à la fois le caractère despotique du Souverain et le danger que court tout homme ayant le courage de ses idées, pendant que des gens sans aveu et sans scrupules peuvent gouverner dans la coulisse et faire leur fortune, il a, d'autre part, consolidé pour quelque temps la situation du Sultan actuel. Saïd était, en effet, après l'élimination systématique et successive (par l'éloignement, l'exil ou la mort) de tous les hommes capables que la Turquie pouvait avoir, le seul personnage habile et énergique, autour duquel auraient pu se grouper les mécontents pour réussir à mettre fin à l'état de choses présent. Ce centre de ralliement leur fait maintenant défaut. La résidence de Saïd est entourée d'agents et d'espions ; on surveille minutieusement tous ses actes et on prend note des visites

(1) Le *Temps* des 11 et 12 décembre 1895 ; l'*Acropolis* du 13 décembre 1895.

(2) Le *Temps* du 14 décembre 1895 ; l'*Acropolis* du 11 décembre 1895.

(3) Dans cette lettre, où il s'efforçait d'atténuer l'effet produit par sa fuite, en disant qu'il ne s'était rendu à l'ambassade que dans l'espoir que le Sultan l'autoriserait à quitter le pays et à se rendre à l'étranger avec toute sa famille, il laisse, au milieu de ménagements de forme, échapper textuellement ce cri d'un homme qui étouffe dans un milieu d'une corruption répugnante : *je suis las des intrigues* ! (V. le *Temps* du 14 décembre 1895).

(4) Il est curieux de connaître l'explication plaisante que les journaux turcs donnèrent le lendemain de la fugue de Saïd : « Ayant l'intention, écrivirent-ils, de se rendre à l'étranger, il est allé mercredi à l'hôtel de l'ambassade britannique à Péra. Mais, comme Sa Majesté n'a pas fait droit à sa demande, par ordre impérial il est retourné chez lui lundi soir vers 3 heures à la turque » !

qu'il reçoit (1). Si donc il a soulevé le voile et laissé voir une partie du hideux spectacle qu'offre la Turquie actuelle, il n'est pas moins un homme neutralisé et qui ne compte plus. Et comme, pour les Orientaux, gagner du temps est en toutes choses l'essentiel, le Sultan et son entourage peuvent, avec raison, se féliciter d'avoir réussi à éliminer de la vie active un homme qui aurait pu contribuer à hâter la fin de leur règne.

Dans le courant de décembre, l'intervention de l'Europe auprès du gouvernement turc eut une autre occasion de se manifester.

A la fin d'octobre, le gouvernement ottoman avait déclaré aux ambassadeurs ses craintes « de se trouver dans l'impuissance de contenir le violent élan des Arméniens de Zeïtoun, qui se proposaient d'attaquer les Musulmans ». Effectivement, dans ce site montagneux, dont les habitants ont toujours vécu dans une certaine indépendance à l'égard des autorités impériales, les Arméniens, qui sont en grande majorité, avaient décidé de prendre les devants contre l'extermination qui les menaçait, préférant « mourir, s'il le fallait, en combattant, que de se laisser égorger comme des moutons ». Dès le commencement de novembre, ils s'emparèrent du fort de Zeïtoun, sans avoir eu à faire usage de leurs armes, la garnison de 600 soldats, privée d'eau, s'étant rendue elle-même. Au nombre de 13.000, ils se saisirent de toutes les armes, de trois canons et des munitions. Mais, contrairement aux appréhensions du gouvernement, et de l'aveu même du caïmacam d'Albistan (2), ils traitèrent leurs prisonniers avec humanité ; ils rendirent même à la plupart la liberté (3). Les Turcs, très affectés de cette défaite, envoyèrent aussitôt contre les Arméniens des troupes en grande quantité (4). Le Grand Vizir Rifaat avoua au nouvel ambassadeur d'Italie, M. Pansa, qu'il faudrait de longs mois pour venir à bout des Zeïtouniles et que le gouvernement ottoman devenait impuissant ; il insista sur la nécessité de la coopération des grandes puissances pour empêcher « l'insurrection arménienne » de s'étendre aux provinces balkaniques (5). Cependant, les autorités turques invitaient les Arméniens de Zeïtoun à se rendre, leur promettant une amnistie plénière. Les Arméniens refusèrent, n'ayant point confiance dans

(1) L'institution dégradante de l'espionnage s'est considérablement développée depuis quelques années. C'est toute une organisation et une hiérarchie de chefs, de sous-chefs, d'agents provocateurs et de contre-espions. C'est ainsi qu'en Turquie on sait utiliser la misère et les embarras pécuniaires de certains habitants et procurer une force factice aux gouvernants par les délations et leurs conséquences.

(2) V. le rapport de ce fonctionnaire dans le *Temps* du 3 décembre 1895. Les Turcs, cependant, répandirent toutes sortes d'horreurs sur les « mauvais traitements subis par les prisonniers » (Le *Temps* du 22 décembre 1895).

(3) Le *Temps* des 6 et 28 décembre 1895.

(4) Le *Temps* du 24 décembre 1895.

(5) Le *Temps* du 26 novembre 1895.

ces promesses (1). Ils furent alors assiégés par un corps de 10.000 hommes, qui reçut l'ordre d'incendier la forteresse et de passer ses occupants par les armes. Cet ordre avait été communiqué aux ambassadeurs des six grandes puissances (2). Les ambassadeurs d'Angleterre et d'Allemagne répondirent immédiatement que leurs gouvernements respectifs s'opposaient à toute tentative de massacre des Arméniens à Zeïtoun (3). Puis, le 24 décembre, après une délibération en commun des six ambassadeurs, le Baron de Calice, ambassadeur d'Autriche-Hongrie et doyen du corps diplomatique, se rendit à la Sublime Porte et déclara au Grand Vizir que ses collègues et lui espéraient vivement que le gouvernement ne recourrait pas à des mesures extrêmes contre les Zeïtounites. En même temps, les ambassadeurs envoyaient leurs drogmans au Palais (devenu le centre de l'administration et où l'on désirait vivement l'extermination des Zeïtounites) pour réussir à empêcher des représailles trop cruelles (4). La Porte répondit que le gouvernement turc préférait attendre le résultat de ses propres efforts contre les insurgés arméniens. Mais, cette réponse ayant été considérée comme dilatoire, les ambassadeurs décidèrent d'envoyer de nouveau leurs drogmans au Palais en même temps qu'à la Porte, pour renouveler leurs demandes, offrir leur médiation et insister sur les raisons qu'auraient le Sultan et le gouvernement turc d'accepter leur proposition (5). Cette nouvelle démarche réussit. Le gouvernement ottoman se décida à accepter la médiation que lui offraient les six grandes puissances afin de mettre fin à l'insurrection de Zeïtoun (6). En conséquence, ordre fut donné d'arrêter immédiatement les opérations militaires contre la ville et la forteresse de ce nom (7). Les ambassadeurs se réunirent aussitôt le 2 janvier 1896 et ils décidèrent que les consuls d'Alep ou des représentants de ces consuls iraient à Zeïtoun porter aux Arméniens les propositions du gouvernement ottoman, qui étaient les suivantes : les Zeïtounites rendraient toutes leurs armes, reconstruiraient la caserne

(1) Le *Temps* du 6 décembre 1895.
(2) Le *Temps* du 22 décembre 1895.
(3) V. le *Manchester Guardian* du 22 novembre 1895.
(4) Le *Temps* du 29 décembre 1895.
(5) Le *Temps* des 2 et 3 janvier 1896.
(6) Cette résolution serait due à l'échec des négociations ouvertes avec les Zeïtounites par le *mutessarif* de Marasch, ainsi qu'à l'incapacité et au mauvais état des troupes turques, manifestés par un nouvel échec qu'elles venaient de subir, et à la suite duquel un iradé impérial du 27 décembre enjoignit aux autorités militaires d'ouvrir des négociations et de s'abstenir de nouvelles attaques. Notons les conditions curieuses dans lesquelles cet échec avait été subi. Les Zeïtounites avaient informé les assiégeants que, les vivres commençant à manquer, ils seraient forcés de supprimer les rations des prisonniers turcs, si on ne consentait à les ravitailler. Le Sultan ordonna, le 23 décembre, que des vivres leur fussent portés, mais qu'en même temps on fît l'assaut de la forteresse.
(7) Le *Temps* du 4 janvier 1896.

qu'ils ont détruite et livreraient aux autorités judiciaires les fauteurs de l'insurrection (1) ; les consuls auraient à assister à la mise à exécution des conditions de la médiation (2). Les consuls d'Angleterre, de France, d'Italie (représentant aussi les gouvernements allemand et austro-hongrois), et le représentant du consul de Russie, escortés de 80 soldats, quittèrent ainsi Alep le 16 janvier et se rendirent à Zeïtoun, après avoir conféré sur leur chemin avec les autorités turques à Marasch) (3). Les médiateurs proposèrent aux insurgés la vie sauve et l'amnistie moyennant la livraison des armes et de deux chefs. Mais on leur répondit qu'il n'existait point de chefs, que l'on consentait à rendre les fusils de guerre seulement si le gouvernement voulait aussi désarmer les Turcs de la région voisine, et on demanda une certaine exonération d'impôts et surtout des garanties pour la sécurité des personnes et des biens (4). Après en avoir référé à la Porte, les médiateurs réussirent enfin, le 12 février, à mettre une fin à peu près satisfaisante aux négociations. La reddition des Zeïtounites fut stipulée aux conditions suivantes : amnistie générale (avec réserve de l'action judiciaire pour les délits de droit commun), expulsion de Turquie des étrangers ayant participé à l'insurrection, livraison des armes de guerre par les insurgés et les Musulmans dans un rayon déterminé, enfin application de certaines réformes (notamment nomination d'un *caïmacam* chrétien) et octroi de certaines concessions (remise des impôts arriérés, non reconstruction de la caserne) (5). Les ambassades demandèrent à la Porte des déclarations formelles garantissant la sécurité des personnes et des propriétés des insurgés, dont le rapatriement serait réglé et surveillé sur place par les consuls, d'accord avec les autorités (6).

(1) Le *Temps* du 8 janvier 1896. D'après le *Times* on aurait par la suite remplacé ces conditions par celle du retour au *statu quo ante* avec engagement de ne plus se révolter.

(2) Le *Temps* du 15 janvier 1896.

(3) Le consul français d'Alep a aussitôt fait sortir de la place et diriger sur Marasch 3 franciscains espagnols et 57 catholiques (Le *Temps* du 3 février 1896).

(4) Le *Journal des Débats* du 5 février et le *Temps* du 8 février 1896.

(5) Le *Journal des Débats* du 14 février et le *Journal de Genève* du 13 février 1896.

(6) Le maintien du régime de la capitulation a été considéré comme garanti par l'acte stipulé entre les six ambassades et la Sublime Porte ; de plus, les puissances nommeraient des consuls à Marasch avec mission de veiller au maintien et au fonctionnement du nouveau régime de Zeïtoun (V. *Martyrologe arménien*, p. 80 et 81). Malheureusement, les clauses stipulées au moment de la soumission n'ont pas encore été exécutées ; l'amnistie promise n'a pas été rendue effective, et le gouvernement turc a, malgré sa promesse, nommé un gouverneur musulman. Les six ambassadeurs ont adressé à la Porte de nouvelles représentations pour la substitution d'un fonctionnaire chrétien au Musulman récemment nommé (Le *Temps* des 10 mai et 1er juin 1896). Dans ces conditions, un nouveau mouvement à Zeïtoun ne serait pas impossible (*Journal de Genève* des 19, 25 et 26 avril et 1er mai 1896).

En ce qui concerne le gouverneur, les Turcs ont prétexté que la présence d'un gouver-

La question des stationnaires, l'incident Saïd et l'affaire de Zeïtoun, telles sont les principales circonstances dans lesquelles l'intervention collective de l'Europe dans les affaires d'Orient a eu l'occasion de se manifester pendant la période qui nous occupe. En dehors d'elles, nous devons encore mentionner, outre les vaines démarches relatives à l'application des réformes : 1º les représentations faites le 3 décembre au Département de la police, à la suite de la multiplication des arrestations et expulsions des Arméniens de la capitale (1) ; 2º les représentations collectives des puissances à la suite desquelles la police a remis en liberté, le 22 décembre, tous les Arméniens arrêtés préventivement dans la capitale (2) ; 3º enfin les représentations des puissances à la suite desquelles la Porte a envoyé à Albistan des ordres pour que les autorités mettent fin aux conversions en masse des Chrétiens à l'islamisme, conversions qui sont le résultat de menaces ou de mauvais traitements (3).

Que si nous nous demandons maintenant quel a été l'esprit qui a guidé l'Europe dans ces différentes interventions collectives en Turquie depuis le mois de novembre 1895, les diverses déclarations faites, à ce propos, par ceux qui conduisent sa politique nous permettent de constater qu'elle a eu surtout en vue la restauration de l'ordre et la préservation de la paix par le maintien du *statu quo* dans l'Empire ottoman. Telle est la formule qui résume les idées exprimées par l'Empereur d'Allemagne dans son discours du trône à l'ouverture du Reichstag le 3 décembre, par le premier ministre hongrois, Baron Banffy, le 3 décembre à la Chambre des députés (4), ainsi que par le ministre des affaires étrangères d'Italie, Baron Blanc, à la Chambre italienne le 28 novembre (5). La même idée a été exprimée par lord Salisbury, dans son discours du 9 novembre, et par M. Bourgeois, Président du Cabinet français, dans sa déclaration lue à la Chambre des députés le 2 avril 1896. En conséquence de cette idée, les représentants des puissances devaient essayer de s'entendre sur la conduite à tenir à la suite des incidents, et l'action isolée au sujet d'un incident quelconque n'aurait été permise qu'après que la

neur chrétien ne serait pas quant à présent opportune. Plusieurs mois se sont écoulés en protestations et en représentations de la part des ambassadeurs. Ceux-ci viennent finalement d'obtenir satisfaction par l'exécution d'une des clauses qu'ils avaient garanties (*Journal des Débats*, 18 juin, et *Journal de Genève*, 22 juin 1896).

(1) V. *suprà*, p. 13.
(2) Le *Temps* du 24 décembre 1895.
(3) Le *Temps* du 6 janvier 1896. Les ordres donnés par les Turcs n'ont été qu'un trompe-œil inefficace (V. *Martyrologe arménien*, p. 74).
(4) Le *Temps* du 5 décembre 1895.
(5) Le *Daily News* du 29 novembre 1895.

conférence des ambassadeurs aurait reconnu l'impossibilité d'une action commune (1).

Malheureusement, l'accord établi sur cette base n'a pu durer longtemps. Bientôt, des dissentiments et des méfiances se firent jour entre les puissances intervenantes ; les mesures énergiques qui seules eussent assuré la restauration de l'ordre ne purent obtenir l'approbation de l'unanimité, et, de crainte de provoquer une conflagration générale en Europe, on dut abandonner l'Empire ottoman à son sort, dans le plus grand désordre. Nous verrons plus loin les conséquences fâcheuses produites par la difficulté de concilier les deux termes contenus dans l'idée qui guidait les puissances (restauration de l'ordre et maintien du statu quo). Notons ici les différents actes isolés auxquels plusieurs puissances étrangères ont pu procéder, parce qu'ils n'étaient pas incompatibles avec la ligne de conduite que l'Europe s'était tracée.

D'abord les États-Unis, ne voulant pas, dans la protection des Chrétiens d'Orient, être en reste avec les grands États européens, firent nettement connaître leur manière de voir à cet égard. Leur sentiment se manifesta dans le Message envoyé à l'ouverture de la session du 54ᵉ Congrès par le Président Cleveland (2). La Chambre des représentants et le Sénat adoptèrent par la suite une résolution promettant d'appuyer le gouvernement dans les mesures les plus énergiques qu'il pourrait prendre pour protéger les citoyens américains et leurs propriétés en Turquie et obtenir pour eux des réparations (3).

(1) Le *Times* du 15 décembre 1895.

(2) Parlant de l'Arménie, le Président s'est exprimé ainsi : Plusieurs des plus puissants États européens ont acquis par traité des droits et assumé des devoirs, non seulement envers leurs propres nationaux et pour le maintien de leurs intérêts, mais aussi *comme représentants du monde chrétien*. Ils doivent obliger le gouvernement turc à réprimer les violences du fanatisme. S'ils ne peuvent obtenir cela, leur devoir est de s'interposer pour empêcher les terribles éventualités qui ont récemment ému le monde civilisé. Les puissances déclarent que ces droits et ces devoirs appartiennent à elles seules, et il est vivement à espérer qu'une action effective de leur part ne sera pas longtemps différée (Le *Temps* du 5 décembre 1895).

(3) Cette résolution, qui est le résumé modéré de violentes discussions dans lesquelles les Turcs ont été vivement attaqués, demandait en outre au Président Cleveland de faire connaître au Sultan l'indignation ressentie par les Américains, en présence des outrages dont les Chrétiens d'Arménie sont victimes, et la résolution qu'ils ont prise de ne plus tolérer le renouvellement de ces massacres (Le *Temps* des 6 décembre 1895 et 24 janvier 1896; le *Times* du 29 janvier 1896). Cette vigueur avec laquelle les États-Unis, dégagés de plusieurs entraves de la diplomatie européenne, ont pu annoncer leur intervention dans les affaires de Turquie (V. à ce propos le *Temps* du 7 janvier 1896) ne s'est pas toujours manifestée d'une façon absolument correcte au point de vue des formes. C'est ainsi par exemple que les Chambres américaines songèrent à faire inviter les puissances européennes à obtenir du gouvernement ottoman le respect du traité de Berlin relativement à l'Arménie. Le Président Cleveland a jugé prudent de ne donner aucune suite à cette étrange résolution (Le *Journal des Débats* du 29 janvier 1896).

Le ministre des États-Unis à Constantinople, M. Terrell, notifia au gouvernement ottoman au commencement de novembre, sur l'ordre de son gouvernement, qu'il le tenait pour responsable de la sécurité de tous les missionnaires américains habitant dans les limites de l'Empire. Il lui demanda plus tard, au début du mois de décembre, le châtiment immédiat du commandant en chef des troupes turques à Marasch, qui n'avait pas protégé les missions américaines de cette ville, et la mise en jugement des soldats qui avaient pris part au pillage et à la destruction de ces missions (1). Il obtenait quelque temps après l'autorisation pour les missionnaires américains de Kharpout, de commencer les distributions de secours aux victimes des désordres, et il envoyait le consul de Sivas faire une enquête sur les doléances des missionnaires de Mersivan (2). Il réclama de plus à la Porte des indemnités pour les pillages et dommages soufferts par différentes missions.

L'ambassadeur de France fit, vers la fin de janvier, des représentations au Sultan, à la suite des nouvelles reçues par le consul de Diarbékir, où l'on redoutait de nouveaux massacres (3). Il demanda également à la Porte une indemnité pour le pillage du couvent de Yéni-Djahlen et l'assassinat du Père Salvator (4).

La Reine d'Angleterre, sollicitée respectueusement par l'Association de secours pour les Arméniens, fondée aux États-Unis, d'intervenir auprès du Sultan en faveur des Chrétiens de l'Asie turque, adressa à cet effet un chaleureux appel à Abd-ul-Hamid, dans lequel elle exprimait l'espoir que l'état de choses qui a si profondément affligé le peuple anglais aura bientôt cessé d'exister et ajoutait une affirmation solennelle des responsabilités des souverains à l'égard de leurs sujets (5). Le Sultan lui répondit par une lettre autographe, disant son amitié pour la nation anglaise et son regret « que ce peuple et sa Souveraine eussent été mal renseignés sur les récents événements par une certaine catégorie d'informations » (6).

(1) Le *Temps* du 8 décembre 1895. La légation des États-Unis avait déjà, quelque temps auparavant, ayant reçu des nouvelles alarmantes sur la situation à Marasch, fait, en même temps que l'ambassade britannique, des représentations à la Porte et exigé des mesures de protection pour les missionnaires de cette région (Le *Temps* du 25 novembre).

(2) Le *Temps* du 6 janvier 1896.

(3) Le *Temps* du 31 janvier 1896.

(4) Le *Journal des Débats* du 4 février 1896.

(5) Le *Temps* des 17 et 18 janvier 1896.

(6) Le *Temps* du 1er février 1896. Dans son discours du trône à l'ouverture du Parlement anglais le 11 février, la Reine disait : « Le Sultan de Turquie a donné sa sanction aux principales réformes projetées dans l'administration des provinces arméniennes, réformes sur lesquelles, conjointement avec l'Empereur de Russie et le Président de la République française, j'ai cru de mon devoir d'insister avec la plus grande force. Je regrette qu'une explosion de fanatisme d'une partie de la population turque ait provoqué dans ces provinces

Quant à l'ambassade britannique à Constantinople, elle n'a cesse de déployer la plus grande activité pour prévenir ou atténuer les souffrances et en obtenir réparation (1). C'était tout ce qu'il était possible de faire en présence du désaccord de plus en plus certain des grandes puissances: Le *Foreign Office*, accusé par les Arméniens de n'avoir pas su soutenir son énergie jusqu'au bout, s'est trouvé dans l'alternative de ralentir son action ou d'aller au-devant d'une conflagration avec une autre puissance de l'Europe, qui n'était pas aussi pressée d'aboutir à une solution rationnelle de la question arménienne, et cette conflagration n'aurait pas tardé à se généraliser dans toute l'Europe. C'est devant ce danger que le gouvernement anglais, bien que sollicité à l'intérieur de tous côtés d'agir vigoureusement (2), s'est vu forcé de reculer (3). Et si l'on ne peut lui faire un reproche d'avoir choisi entre deux maux le moindre, il n'en reste pas moins qu'une lourde responsabilité doit peser sur celles des puissances qui, par leurs vues égoïstes, leurs jalousies intestines et leurs méfiances réciproques, ont réussi en définitive à aban-

une série de massacres qui ont causé ici la plus profonde indignation. Les documents relatifs à ces négociations seront soumis à votre examen » (Le *Journal des Débats* du 13 février 1896).

(1) A la suite des indications contenues dans le rapport du consul anglais Fitz-Maurice (V. *suprà*, p. 4, n. 3), sir Philip Currie a, d'accord avec les représentants des cinq autres grandes puissances, demandé le retrait des troupes de Birédjik et la liberté pour les Arméniens convertis à l'islamisme de redevenir chrétiens (*Journal de Genève*, 10 mai 1896). La Porte répondit que les réservistes de Birédjik seront remplacés par des troupes régulières, et que la Commission d'enquête qui se trouve à Marasch ira à Birédjik, afin de faciliter aux Arméniens la reprise du libre exercice de leur religion (*Le Temps*, 17 juin 1896). M. Fitz-Maurice devait se rendre de nouveau à Birédjik pour contrôler de près les procédés de la Commission (*Daily Telegraph*, 6 juin 1896). D'autre part, on annonce que dans les provinces turques, l'exaltation des esprits est telle, que l'on craint que les mesures pour faciliter le retour des Arméniens au christianisme ne provoquent de nouveaux massacres (*Le National suisse*, 26 juin).

(2) Le *Temps* des 4 et 19 décembre 1895 ; le *Morning Leader* du 4 mars 1896.

(3) Que la liberté d'action du gouvernement anglais ait été entravée par suite de l'intervention collective de l'Europe, c'est ce qui a été formellement reconnu par lord Salisbury dans son discours du 19 novembre. Sa retraite forcée, qui en a été la conséquence, a été nettement expliquée : 1° par M. Chamberlain, ministre des colonies, à Birmingham, le 25 janvier ; 2° par lord Salisbury dans son discours du 31 janvier à l'Association unioniste non-conformiste, et à la Chambre des lords, lors de la discussion de l'Adresse, en réponse au discours du trône (*Journal des Débats* du 13 février) ; 3° plus récemment encore, par M. Curzon, sous-secrétaire d'État aux affaires étrangères, à la séance de la Chambre des communes du 3 mars, ainsi qu'à celle du 3 juillet 1896. Nous savons aussi avec certitude que l'emploi de la force s'est heurté au refus formel de la Russie, dont les répugnances ont été partagées par d'autres puissances. Et M. Balfour, premier lord de la trésorerie et leader de la Chambre des communes, nous a également appris que la Russie a refusé l'occupation militaire de l'Arménie, qui lui était offerte (Le *Temps* du 5 février). Les Arméniens pensent qu'elle n'a pas voulu intervenir ainsi comme mandataire de l'Europe dans une contrée qui peut un jour lui revenir affranchie de toute charge (V. le *Journal de Genève* du 21 février 1896 ; le *Morning Leader* du 4 mars 1896).

donner la question arménienne dans une situation beaucoup plus grave.
que celle dans laquelle elles l'avaient abordée.]

C'est ce qui nous sera démontré par un examen attentif de la situation
actuelle, autant au point de vue des conséquences directes ou indirectes
des derniers événements que des conditions dans lesquelles l'Empire
ottoman se trouve quant à présent délaissé.

IV. En ce qui concerne l'*importance et les conséquences directes des massacres et destructions* de ces derniers temps, nous trouvons tout d'abord
que, dans l'espace de quelques semaines, on a tué *plus de trente mille
hommes*, la plupart des soutiens de famille, et amené une catastrophe
énorme, qui coûte déjà la vie à plusieurs dizaines de mille d'existences
humaines (1). On a détruit des milliers de maisons (2), des quartiers de ville
et des villes entières ; anéanti des centaines de villages (3) ; commis des
destructions de tout genre ; incendié partout les récoltes de l'année, les
marchandises de toute espèce et dispersé la fortune du pays. Très peu
de villages ont évité la catastrophe. Les pertes sont incalculables. D'après
les rapports des consuls à leurs ambassadeurs, la misère régnant en ce
moment dans les *vilayets* de l'Asie Mineure défie toute description (4).
Une famine épouvantable menace toute l'Anatolie. Les deux tiers de la
population arménienne (5), ayant perdu leurs soutiens de famille et leurs
biens, sont exposés à périr par la faim et le froid. C'est à peine si les
secours envoyés de tous côtés, spécialement de l'Angleterre et des États-
Unis, pourraient, malgré leur importance, soulager pendant un certain
temps quelques-unes de ces misères (6).

(1) Des gens bien informés, dit M. Godet (*loc. cit.*, p. 48), évaluent à 50 à 60.000 au
moins le nombre des massacrés, et à 3 à 400.000 celui des malheureux privés de toutes
ressources. Les documents officiels ont permis de porter à 70.000 le premier de ces chiffres, qui ne comprend pas ceux qui sont morts de faim, de froid et de maladies (V. la
conférence de M. Marillier dans le *Temps* du 2 juillet).

(2) 28.562, d'après les statistiques du Duc de Westminster.

(3) 2.500 sur 3.300 (*Les souffrances de l'Arménie*, p. 47).

(4) A Erzeroum, par exemple, plusieurs familles aisées jusque-là vivent maintenant de pain
seulement. Des milliers n'ont même pas le moyen d'acheter ce pain. A Trébizonde la misère est atroce ; un seul Européen nourrit 4.000 nécessiteux par jour (Le *Times* du 13 décembre 1895 ; le *Temps* du 14 décembre 1895) ; c'est par centaines que les femmes et les
enfants y meurent de faim et de froid, les Kurdes ayant détruit les habitations et les
provisions, après avoir tué les propriétaires (Le *Temps* du 16 décembre 1895). Dans son
rapport, le baron Vialard, attaché militaire de l'ambassade de France à Constantinople,
donne des détails lugubres sur les misères des habitants des districts de Marasch, Diarbékir et Zeïtoun, qu'il a récemment visités (Le *Temps*, 18 juin 1896).

(5) D'après une statistique de la *Neue Freie Presse*, le chiffre des Arméniens habitant les
six vilayets d'Anatolie, ainsi que ceux d'Alep, de Trébizonde et d'Adana, s'élèverait à un
million environ (V. la *Néa Epithéorissis* de Constantinople du 4 décembre 1895).

(6) Le 17 décembre, les journaux d'Athènes publièrent le texte d'une supplique adressée
par un grand nombre d'Arméniens de Constantinople et ainsi conçue : Presque toute l'Ar-

A la suite de tous ces désordres, une *crise commerciale* intense sévit maintenant dans toute l'étendue de l'Empire, crise aggravée encore par la répercussion de la récente crise financière. Le commerce est ruiné pour de longues années, l'agriculture abandonnée faute de sécurité et de bras ; des milliers de familles sont sans ressources, et il règne un malaise intense et général qui atteint tous les habitants de l'Empire indistinctement.

Ceux qui en ont encore le moindre moyen s'empressent de quitter le pays. Les Arméniens des provinces éprouvées se réfugient surtout dans le Caucase (1). Mais la plupart sont forcés de rester dans le pays, et chez un grand nombre d'entre eux le découragement et la peur déterminent des conversions à l'islamisme (2). Ces conversions en masse, qui sont un des signes caractéristiques de la crise actuelle, ne sont du reste que le développement d'une tendance à la violation des consciences qui existait déjà auparavant, et à laquelle le *Memorandum* du 11 mai 1895 avait cherché à remédier (3).

En présence de cet anéantissement de toute une population, qui semble bien avoir été poursuivi en vertu d'un plan arrêté, on peut bien parler quant à présent de la tranquillité et de la pacification de l'Arménie. Il n'est pas dit pourtant que les Kurdes, qui ne sont pas désarmés, ne reviendront pas achever leur œuvre de destruction, mis en goût, et d'autant plus forts que l'impunité leur est assurée. En tout cas, devant une situation aussi lamentable et aussi révoltante, on ne doit pas s'étonner de voir les idées révolutionnaires persister et se développer dans certains milieux arméniens, ainsi que l'ont démontré plusieurs faits.

ménie a été ruinée par le fer et le feu. La catastrophe continue. Les massacres atteignent le chiffre de 100.000. Les survivants au nombre de 500.000 se sont réfugiés dans les montagnes et dans les forêts, se nourrissant seulement de racines. La faim et le froid complètent l'œuvre de la destruction. Au nom de l'humanité et de la chrétienté sauvez-nous ! » La distribution des secours envoyés d'Europe se fait dans les conditions voulues de sécurité, d'indépendance et d'intelligence, par les missionnaires étrangers. Néanmoins, le gouvernement turc voulut les expulser (*Journal de Genève*, 9, 16 et 17 avril) pour se débarrasser de témoins gênants, qui ont eu le courage de nous renseigner, au milieu des interdictions et des interceptions des communications par lesquelles les autorités turques s'efforçaient de tenir les événements secrets.

(1) Les autorités turques cependant cherchent à entraver cette émigration en refusant la délivrance de passeports (*Le Temps* du 28 novembre 1895).

(2) La statistique précitée du Duc de Westminster évalue à plus de 15.000 le nombre des convertis, et ce nombre a été certainement de beaucoup dépassé. V. à cet égard de nombreux détails dans le *Martyrologe arménien*. Des renseignements plus complets évaluaient (20 février) à 15.000 le nombre des conversions forcées dans la province de Harpout et à 40.000 dans toute la région des massacres (*Les souffrances de l'Arménie*, p. 52).

(3) Chap. 10 de l'*Exposé* (V. le *Times* du 6 juin 1895). Le patriarche arménien catholique lui-même a dû protester contre cette augmentation rapide des conversions motivées par la peur (*Le Temps*, 12 février 1896).

Quant à l'*étendue* et aux proportions prises par les désordres, il ne faut pas oublier que la sécurité de l'Empire ottoman se trouve menacée de tous côtés. L'Asie turque est toujours agitée, malgré l'intervention militaire et les apparents efforts des Commissions impériales ; l'anarchie la plus complète y règne de la mer Noire au golfe d'Alexandrette et presque du Bosphore au Yemen. Dans la Turquie d'Europe les Bulgares préparent une attaque en Macédoine (1), les Albanais s'agitent, et le sang continue à couler dans l'île de Crète, dont les réclamations ne sont que trop légitimes (2).

(1) Pour prévenir l'explosion redoutée en Macédoine, le gouvernement turc a institué une Commission, présidée par Mahmeoud Djellaledin Pacha, chargée d'étudier les réformes à introduire dans la Turquie d'Europe. Malheureusement, on ne sait que trop maintenant ce que valent en fait ces belles promesses, et il est peu probable que cette Commission parvienne simplement à retarder l'événement qu'elle est destinée à empêcher. V. sur les mesures prises à cet égard le *Temps* du 7 mai 1896. — Les Grecs, les Serbes et les Bulgares ont également des prétentions en Macédoine, et si leur conciliation n'offre pas de grandes difficultés dans le Nord et le Sud, il n'en est pas toujours de même dans le centre de cette riche et fertile contrée. Les Bulgares se remuent depuis quelque temps plus particulièrement, enhardis par le succès de leur aventure de la Roumélie orientale en 1885, et rendus d'autant plus audacieux depuis leur réconciliation officielle avec la protectrice du panslavisme. Ils demandent l'application de l'art. 23 du traité de Berlin, dans l'espoir que l'autonomie administrative de la Macédoine sera pour eux une étape transitoire, comme l'a été celle de la Roumélie orientale. En attendant, leur agitation est un souci de plus pour le Grand Seigneur, obligé de pourvoir de tous côtés à la sécurité d'un édifice vermoulu qui s'écroule.

(2) Depuis que ces lignes ont été écrites, le mouvement crétois a pris les proportions que l'on sait. La constante violation, depuis 1889, des diverses prescriptions de l'insuffisante convention de Halepa, conclue en 1878 relativement à l'administration de l'île, est sans doute la principale cause, mais non la seule, de la crise actuelle. Les autorités turques s'appropriaient une grande partie des revenus de l'île pour l'envoyer à Constantinople ; pendant ce temps les nombreux agents de la police crétoise n'étaient pas payés (ils n'ont rien touché depuis trois ans) ; l'exportation des produits de l'île est entravée par un régime douanier défavorable ; enfin, la présence d'un gouverneur militaire, aidé par des troupes musulmanes et appuyé par le Palais de Constantinople, paralyse l'action du gouverneur général (*Frankfurter Zeitung* du 30 juin 1896). Tout cela a augmenté le mécontentement d'un peuple qui n'avait accepté de tolérer la domination ottomane que sur la promesse du fonctionnement d'une administration autonome. Il a exprimé à différentes reprises son mécontentement pour la violation des promesses faites. Les Turcs, au lieu d'en tenir sérieusement compte, ont, selon leur habitude, traité les mécontents et les protestataires en révolutionnaires. Pour « maintenir l'ordre », ils ont commencé par enrôler plusieurs centaines de Benghazis (immigrés arabes) qui se livrèrent au pillage. Une telle attitude devait avoir fatalement pour conséquence la révolte d'un peuple, qui sait se battre, et qui aspire avec impatience à son union à la Grèce, sa mère-patrie. Pour réprimer le mouvement, les Turcs amenèrent les rédifs d'Arménie, qui, ayant pris goût à la chasse aux chrétiens, sans paie depuis 14 mois, furieux d'être arrachés à tout moment à leurs foyers, s'empressèrent de se livrer aux pires excès, aux dépens de la vie et de la fortune des Crétois, avec l'approbation tacite et sous les yeux mêmes de leurs chefs (V. les déclarations faites à la Chambre des communes le 25 juin par M. Curzon. Le *Temps*, 27 juin 1896). Ainsi, après l'impuissance démontrée de la diplomatie européenne en Arménie, les Turcs ont pensé qu'ils n'avaient plus à se gêner avec les populations qui leur sont soumises. Leur conduite en Crète a

Enfin, au point de vue de *l'administration* de l'Empire ottoman, les derniers événements ont contribué à aggraver encore le désordre et la démoralisation qui existaient déjà. La Turquie est délaissée dans une complète *anarchie politique* (1), *financière* (2) et *militaire* (3).

cependant déjà provoqué, à différentes reprises, les protestations, individuelles ou collectives, des consuls européens (V. le *Temps* des 14 mai, 12 et 25 juin 1896), qui ont entre temps réclamé aussi de leurs gouvernements la présence de navires de guerre dans les eaux crétoises. Dans leur dernière protestation collective; ils remarquent que les désordres (pillages, meurtres, profanations, incendies) ont augmenté depuis l'arrivée dans l'île des troupes destinées à « rétablir l'ordre », et que le danger pour la sécurité publique s'en est considérablement accru. Il est honteux de penser qu'un grand nombre de ces faits se commettent sous les yeux des commandants des vaisseaux de l'Europe chrétienne, qui ont refusé leur intervention, leurs instructions se bornant « à la protection éventuelle de leurs nationaux ». Ce n'est donc pas dans l'intérêt de l'ordre et de l'humanité que les divers gouvernements y ont envoyé leurs navires, mais simplement pour se surveiller... ! Au 10 juin il y avait 25.000 Crétois (la population de l'île est d'environ 300.000) dans le dénuement, errant sans abri, mourant de faim, victimes des dévastations, des meurtres et des pillages dus à l'invasion turque. Plus de 36 villages ont déjà été brûlés (V. la *Neue Freie Presse* des 14 et 30 juin 1896).

On comprend que, dans ces conditions, les dispositions conciliantes que l'on prête au Sultan arrivent trop tard. Au commencement de juin les revendications crétoises pouvaient se résumer ainsi (d'après l'*Asty*) : 1) Nomination *sous la garantie des puissances* d'un gouverneur général chrétien renouvelable tous les 5 ans ; 2) Indépendance économique de l'île, avec droit sur la moitié des revenus des douanes ; 3) Réorganisation de la gendarmerie ; 4) Droit de *veto* sur les lois votées par l'Assemblée crétoise accordé au gouverneur seul, sans possibilité d'appel à Constantinople (V. le *Temps* du 11 juin 1896). Aujourd'hui on ne parle rien moins que de la proclamation de l'indépendance de l'île et de son annexion à la Grèce. Ce serait évidemment la solution la plus juste et la plus logique. On n'a pas manqué de le faire remarquer de tous côtés, et cela même dans les milieux les moins suspects de turcophobie (V. l'article de *Novosti*, rapporté dans le *Temps* du 28 juin 1896). Il existe une incompatibilité d'humeur évidente entre les idées et les aspirations de ces vaillants insulaires et l'arbitraire et la corruption de la domination ottomane. Céder donc l'île, contre indemnité, serait pour la Turquie un bon débarras en même temps qu'une bonne opération ; sa campagne de 1866 lui coûta 600 millions de francs et elle eut besoin de 70.000 soldats pour étouffer le mouvement (*Le Temps*, 12 juin 1896). Elle est entièrement incapable d'assumer de telles charges aujourd'hui, harcelée surtout, comme elle l'est, de tous côtés, par les populations qui lui sont soumises et qui poursuivent leur affranchissement d'un joug exécré.

En attendant, le 24 juin 1896, les représentants des six grandes puissances à Constantinople ont envoyé à la Sublime-Porte leurs drogmans, porteurs des conditions suivantes pour leur médiation, désirée par elle : 1) Nomination d'un gouverneur chrétien ; 2) Rétablissement du pacte de Halepa ; 3) Convocation de l'Assemblée crétoise ; 4) Amnistie générale. En tout état de cause, il est nécessaire de remarquer que les Crétois, dont les Turcs ne se sont que trop longtemps joués, ne sont pas aujourd'hui disposés à déposer les armes sans avoir préalablement obtenu satisfaction. Or, ils ne croient plus aux promesses des Turcs ; ils ne savent que trop leur valeur. Si donc les puissances intervenantes désirent faire une œuvre à peu près stable et assurer la paix dans l'île, au moins pendant un certain temps, sous la domination ottomane, elles doivent *garantir* l'exécution des engagements de la Porte et veiller à ce que cette garantie soit plus effective et plus prompte qu'elle ne l'a été à Zeïtoun. C'est là une condition *sine qua non* d'un apaisement sérieux.

(1) Nous avons expliqué ci-dessus (p. 15, note 3) ce que nous entendons par là. Le Palais est devenu le centre de l'administration. Les aventuriers qui le composent ne sont natu-

Tel est le bilan de la situation actuelle ! L'imprudence et l'impéritie du gouvernement et des autorités ottomanes, parfois même leur compli-

rellement animés que du désir de faire fortune en profitant de leur pouvoir éphémère ; on devine ce que deviennent les intérêts du pays dans ces conditions. Voici quelques exemples récents : 1º Raïf Pacha, directeur des douanes, a été envoyé à Alep, pour avoir refusé de mettre à la disposition du Palais certaines recettes des douanes qui avaient une autre destination légale (Le *Times* du 30 décembre 1895). 2º Munir Pacha, vali de Brousse, a dû résigner ses fonctions, parce qu'il avait reçu l'ordre d'agir contre les Chrétiens (Le *Temps* des 2 et 3 janvier 1896). 3º Izzet Bey, ancien juge révoqué, devenu le favori du jour grâce à une délation, s'est empressé (en novembre dernier) d'envoyer en disgrâce, comme gouverneur d'Adana, l'ancien ministre de la justice Riza Pacha, qui l'avait fait condamner dans différentes prises à partie ; le même Izzet a été peu après brillamment décoré et nommé secrétaire privé de Sa Hautesse (Le *Temps* des 13 janvier et 20 mars 1896). 4º On se rappelle enfin le récent conflit diplomatique à l'occasion de la nomination de l'ambassadeur de Turquie à Berlin et à Vienne. Cédant aux intrigues du Palais, le Sultan revint sur la désignation de Turkhan Pacha pour proposer Zia Pacha. Celui-ci ne fut pas agréé par l'Empereur Guillaume, et il eut le même sort, pour un motif analogue, auprès de l'Empereur François-Joseph (Le *Temps* des 18 décembre 1895 et 20 janvier 1896). Les vices et les dangers de ce système de gouvernement néfaste, sévèrement critiqué par les Turcs eux-mêmes, ont pourtant été plus d'une fois signalés au Sultan. Lord Salisbury, dans son discours à Brighton le 19 novembre dernier, a vivement déploré cette élimination systématique des hommes d'État ottomans capables et honnêtes. Et si l'on peut douter que ces réflexions aient pu parvenir jusqu'à la connaissance du Sultan, on sait d'autre part avec certitude qu'au printemps de l'année dernière le représentant d'un grand État, qui a eu l'occasion de s'entretenir avec Sa Majesté, n'a pas manqué de lui indiquer amicalement les dangers d'une situation qui mène fatalement la Turquie aux abîmes, ainsi que quelques-uns des moyens par lesquels on pourrait parer à ces dangers, et dont le principal serait la constitution d'un ministère fort et capable, indépendant du Palais. Pour toute réponse, le Sultan, très agité, se répandit en récriminations contre certains hommes d'État turcs et désigna parmi eux assez clairement Kioutschouk Saïd Pacha, alors Grand Vizir, qui lui avait justement donné le même conseil quelque temps auparavant. Malgré tous ces avertissements, cet étrange système de gouvernement continue à fonctionner ; la *camarilla* du Palais continue à gouverner dans son intérêt, en répandant le trouble, la confusion et la démoralisation.

(2) Le régime du bon plaisir et les continuels gaspillages d'en haut ont achevé de jeter les finances ottomanes dans le plus profond désarroi qu'on ait jamais vu, et de créer un déficit réel énorme qui va progressivement croissant. On contracte bien périodiquement des emprunts, destinés à parer aux besoins les plus pressants. Mais si l'on pense que le plus clair des revenus du pays se trouve avoir été ainsi successivement engagé pour faire face à des dépenses ordinaires d'administration ou même de luxe, il n'est pas difficile de comprendre que ce système ne peut pas durer indéfiniment. On sait que depuis longtemps les fonctionnaires turcs ne touchent qu'une faible partie de leurs appointements. Chaque fois qu'il devient possible de leur payer un mois d'arriérés, les journaux annoncent le fait comme un grand événement. La dernière catastrophe a eu, entre autres, pour conséquence la diminution considérable du chiffre des impôts perçus ; et ce ne sont certes pas les mesures de rigueur annoncées (Le *Journal de Genève* du 31 mars 1896) qui pourront faire rentrer des arriérés qui se chiffrent déjà par millions. La dette de l'État envers ses fonctionnaires s'en est accrue en conséquence. De là, un relâchement général et un mécontentement qui, chose plus grave, a pénétré jusque dans l'armée, qui a été jusqu'ici, à Constantinople, une force considérable pour le souverain actuel. Chakir Pacha lui-même, le Haut Commissaire pour l'Arménie, a demandé son rappel, son traitement ne lui étant pas payé (Le *Temps* du 25 décembre). Le gouverneur de la Crète a dû résigner ses fonctions, pour se soustraire aux

cité, venant à l'aide du fanatisme hautain et féroce des Turcs, qui purent donner ainsi un libre élan à leurs pires passions, ont fait prendre à la *question arménienne* des proportions telles, que nous devons dorénavant parler plutôt de la *question d'Orient*, pour employer un terme qui corresponde à la gravité de la situation présente.

Quant à l'intervention de l'Europe dans cette question, tout ce qu'on peut dire pour l'apprécier avec justice, c'est qu'elle a en définitive abouti à empêcher peut-être le mal de se développer dans des proportions encore plus grandes. Mais elle n'a réussi, ni à améliorer le sort des populations qui souffrent, ni même à empêcher la situation d'empi-

reproches des fonctionnaires non payés qui n'ont pu toucher que le douzième de ce qu'on leur avait promis comme règlement de leurs arriérés (*Le Temps* du 2 mars 1896). Les ambassades et légations de Turquie à l'étranger, jusqu'ici régulièrement payées, ont été elles-mêmes atteintes par l'aggravation du désordre (V. l'*Acropolis* du 8 décembre 1895). On a bien, comme d'habitude, contracté un emprunt de 300.000 livres turques, et touché une avance de 100.000 livres, pour pouvoir payer un mois d'appointements (*Le Temps* du 5 janvier 1896 ; le *Journal de Genève* du 20 février 1896). On a même eu recours à ce procédé pour couvrir les frais de la fête annuelle du *Hirkaï-Chérif* (V. le *Journal de Genève* du 11 mars 1896) ! Mais le mécontentement général n'en subsiste pas moins ; les fonctionnaires et employés de l'État, tout en ne touchant pas leur traitement, sont en même temps obligés de satisfaire les exigences croissantes de leurs protecteurs du Palais (*Le Temps* du 30 janvier 1896). Et le système continuant à rester vicié dans son origine, on comprend que la nomination de cette Commission spéciale, destinée à *organiser* les services financiers de la Turquie, est simplement un de ces trompe-l'œil fréquents, imaginé pour faire prendre un peu de patience à toute une population qui est à bout de forces. La preuve, c'est qu'en même temps on ne se gênait pas pour mettre la main sur la caisse des retraites et se procurer ainsi quelques ressources jusqu'ici respectées (*Le Times* du 29 janvier 1896). Les sociétés de transports et les fournisseurs de l'armée turque viennent de refuser de continuer leurs services ayant des arriérés considérables à recevoir (*Le Temps*, 4 juillet).

(3) L'armée turque, évaluée de 250.000 à 370.000 hommes (V. la *Kölnische Zeitung* et le *Manchester Guardian* du 25 novembre 1895 ; l'*Acropolis* du 10 décembre 1895), se trouve dans un état lamentable, mal entretenue, désorganisée, sans conducteurs capables. Les soldats, mécontents pour être insuffisamment nourris et payés, se font brigands ou indisciplinés, refusant de quitter les endroits où ils trouvent de quoi piller (*Le Temps* du 1er janvier 1896) ou encore ils désertent en masses (*Le Temps*, 5 juillet 1896). A la fin du mois de mai un colonel turc aurait déclaré au mutessarif de Beyrouth que les soldats revenant de l'intérieur seront forcés de piller si on ne leur distribue pas de pain (*Le Temps*, 3 juin 1896). On sait aussi que c'est la mauvaise situation matérielle des soldats turcs actuellement en Crète, ainsi que l'incapacité de leurs chefs, qui sont en grande partie la cause de l'extension des désordres dans cette île. — Ceux qui continuent à rester dans les rangs, soutenus par le fanatisme ou par le fatalisme, manquent de la force et de l'entraînement nécessaires pour remplir leur mission. C'est ainsi qu'on a pu voir les troupes régulières mises en déroute par les Kurdes de la cavalerie irrégulière des Hamidiés (*Le Temps* des 8 décembre 1895 et 27 janvier 1896, et *Gazette de Cologne* du 25 juin) dont on a récemment encore stipulé et promis la réglementation (art. 27 et 28 du décret des réformes du 17 octobre 1895). L'enrôlement de ces irréguliers, à demi-sauvages, dû à Chakir Pacha, est pour beaucoup dans la gravité des récents désordres (V. sur cette question : *L'organisation militaire de l'empire ottoman*, par Léon Lamouche, capitaine du génie. Paris, 1895, pp. 144 à 150). Sur les exploits de ces brigands féroces, V. *Les souffrances de l'Arménie* (3e édition, pp. 15 et s.). « S'opposer à eux, dit M. Godet,

rer, dans des proportions effrayantes, en l'espace de quelques mois.
Et, après avoir laissé penser que l'Europe unie allait enfin « expier de
longues années d'erreur » (1) et fait naître les espérances des malheureuses populations de l'Empire ottoman, par une attitude dont l'énergie
n'a pu résister longtemps, les puissances européennes se sont retirées
parce qu'une intervention aurait quant à présent gêné leurs vues particulières (2). Mais cette retraite laisse la question dans un état pire que
celui dans lequel elle avait été abordée. Il en est résulté en effet, en
ce qui concerne l'Arménie, que toute une population, placée par des traités solennels sous la protection de l'Europe, ayant été livrée pendant
plusieurs mois au bon plaisir de misérables qui l'ont égorgée sous les
yeux paternels des autorités turques, se trouve maintenant à la merci
de l'arbitraire et de la volonté de ses bourreaux. Car, les persécutions
des Arméniens continuent ; les derniers massacres viennent encore de
prouver que l'impuissance de l'Europe a produit la confiance dans le
droit de tout faire (3) ; le feu couve sous la cendre, et il est à craindre
que l'on n'ait encore plus d'une occasion de s'en apercevoir (4). En outre,

devenait un crime contre l'État. Nombre de pétitions, implorant l'intervention du Sultan
pour protéger ses sujets, furent envoyées à Constantinople : la réponse fut l'ordre donné en
1893 d'interdire toute plainte ultérieure contre les Hamidiés » ! C'est le procédé ordinaire
du gouvernement turc. Quand une question l'embarrasse, il interdit tout simplement d'en
parler ; et si les victimes osent élever la voix, on les envoie tout simplement en prison
pendant que les auteurs de l'injustice ne sont pas inquiétés ! On comprend, dans ces conditions, que les ambassadeurs des puissances à Constantinople s'opposent en ce moment
à l'arrivée dans la capitale de trois régiments de Kurdes que la Porte veut faire venir pour
y maintenir l'ordre (*Frankfurter Zeitung*, 5 juillet 1896).

Sur la valeur de cette force armée dans les circonstances présentes, comp. ce qui a été
dit *suprà*, p. 5, note 4 et p. 14, note 5 au sujet des incidents caractéristiques de la campagne du Hauran et de la mobilisation des *rédifs*.

(1) V. le discours prononcé par le premier ministre anglais le 19 novembre 1895.

(2) Cette conduite a été sévèrement jugée au grand meeting d'indignation tenu à Liverpool le 26 novembre (V. le *Daily News* du 27 novembre 1895).

(3) Cependant, les journaux turcs n'ont pas manqué d'entreprendre une violente campagne contre certains diplomates, dont le seul tort a été de montrer par leur attitude qu'ils
n'entendaient pas être dupes des assurances des Turcs. Cette campagne s'appuyait sur un
exposé d'un optimisme scandaleux des événements des derniers mois et de la situation qui
en est résultée (Le *Journal de Genève* du 1er février 1896).

(4) Les événements sanglants de *Wan*, où la responsabilité des Turcs serait de nouveau
établie (*Le Temps*, 25 et 30 juin), et où plus de 400 personnes viennent de périr (22 juin),
en sont une nouvelle preuve. Sur la proposition de la Porte, les représentants, à Wan, de
l'Angleterre, de la France, de la Russie et de la Perse chercheraient à obtenir une entente
et à amener un certain apaisement (*Journal des Débats*, 27 juin). — Les nouvelles de *Mé-
sopotamie* montrent que les rapports entre chrétiens et musulmans sont toujours tendus
(*Kölnische Zeitung*, 30 mai). Des préparatifs inquiétants des Mahométans sont signalés
dans différentes localités de l'Asie Mineure, à *Diarbékir*, à *Sivas*, à *Malatia*, etc. (*Neue
Freie Presse*, 23 juin). Les ambassadeurs d'Angleterre, de France et de Russie viennent
de faire à la Porte d'énergiques représentations à raison de la situation menaçante à *Har-*

nous avons montré que ce n'est plus là le seul danger. Le désaccord de l'Europe et son impuissance qui en est la conséquence, que les Turcs savent si bien exploiter, lui ont fait abandonner des millions d'existences humaines à la merci d'un pouvoir corrompu et destructeur (1). On était pourtant en droit d'espérer qu'après les errements du passé, son intervention ne se serait pas bornée à des demi-mesures, à des satisfactions sur quelques points secondaires, et à des représentations en présence d'excès par trop révoltants.

Comme on le voit, le calme relatif, dans lequel la question d'Orient se trouve pour le moment, n'est que de surface (2), et on a pu le comparer avec justesse à l'état paralytique qui précède les crises de dénouement dans les maladies graves. Si l'essor des populations étiolées sous une domination despotique paraît quant à présent affaibli, il ne faut pas oublier que tout mouvement révolutionnaire a jusqu'ici avorté par la délation, et que les innombrables abus et les souffrances qui en sont les conséquences ont trop tendu la situation pour qu'il n'y ait pas à redouter une explosion, qui forcera l'Europe à sortir de l'optimisme dans lequel elle paraît actuellement se complaire, au sujet de la *tranquillité* et de la *pacification* dans l'Empire ottoman. Il est à souhaiter qu'elle n'intervienne pas trop tard (3)!

pout et à *Diarbékir*. Le rappel immédiat du gouverneur de cette dernière ville a même été exigé par eux (Le *Temps* et la *Neue Freie Presse* du 27 juin). — A *Constantinople* même, où l'ordre et la sécurité sont en ce moment gravement menacés, les mesures excessives qu'on vient de prendre en accordant aux nombreuses patrouilles le droit de faire sommairement feu sur tout rassemblement (Le *Petit Temps*) (Le *Temps*) 19 juin, et *Frankfurter Zeitung*, 20 juin) montrent bien la tension de la situation et l'agitation fébrile des Turcs, en même temps que la continuation des arrestations, des perquisitions et des exils (*Journal de Genève* des 19 mai et 3 juin ; *Neue Freie Presse*, 29 mai ; *Frankfurten Zeitung*, 3 juin ; Le *Temps*, 9 juin 1896), ainsi que le fait qu'on a été dernièrement jusqu'à procéder à plusieurs exécutions capitales publiques (ce qui ne s'était pas vu depuis 20 ans) pour terroriser la population. Pendant ce temps les assassins et les malfaiteurs d'Arménie et de Crète ne sont pas inquiétés et peuvent vendre en public et en toute liberté, sous la protection tutélaire des autorités ottomanes, les divers objets de leurs rapines.

(1) Il faut reconnaître que la population turque souffre elle-même de cet état de choses. Mais les souffrances des populations non musulmanes sont particulièrement graves, car ce sont elles qui sont généralement les victimes directes de tous les crimes qui se commettent sous l'égide paternelle du gouvernement impérial.

(2) Telle est également la conclusion des divers rapports consulaires, qui parlent de la disette, de la misère et de la pacification insuffisante et incomplète de l'Anatolie (V. le *Journal de Genève* du 28 février 1896). Comp. *Martyrologe arménien*, p. 71 à 80.

(3) Ce qui semble donner à cet égard une lueur d'espérance aux malheureuses populations de l'Empire ottoman, ce sont les paroles récemment exprimées au Parlement anglais par les membres du gouvernement de la Reine. Lord Salisbury, notamment, dans la discussion de l'Adresse en réponse au discours du trône, tout en remarquant que les conditions de la capitulation de Zéitoun, si elles sont observées, peuvent devenir le point de départ d'arrangements futurs applicables à d'autres régions de l'Empire ottoman, a dit for-

mellement : « Je répudie l'idée que nous avons abandonné les Arméniens... ou que les puissances aient en aucune façon abandonné l'espoir qu'une pression puisse améliorer le gouvernement de l'Asie Mineure. Elles estiment que, si l'on donne du temps au Sultan, cette amélioration en résultera » (Le *Journal des Débats* du 13 février 1896; le *Journal de Genève* du 14 février 1896). Or, si l'on peut être avec raison sceptique au sujet de cette dernière espérance, il n'en est pas moins vrai que les paroles du premier ministre laissent la question ouverte et que l'Angleterre, tout au moins, ne perd pas de vue le sort de ces populations, en faveur desquelles elle pourrait à nouveau intervenir, aussitôt que la situation générale le lui permettrait. Le langage ferme de plusieurs journaux anglais (*Sun, Liverpool Mercury* du 4 mars 1896) à l'occasion de l'adoption par la Chambre des communes d'une résolution exprimant sa profonde sympathie pour les souffrances des Chrétiens de Turquie, ainsi que la persistance et la ténacité du « groupe arménien » au sein du Parlement britannique, prouvent que l'opinion publique n'a pas désarmé et qu'elle soutiendra, à l'occasion, le gouvernement qui voudra agir. En attendant, c'est un spectacle déplorable et un vrai scandale que de voir la bonne volonté de quelques-unes des puissances intervenantes d'agir, dans l'intérêt de l'humanité, pour obtenir une sérieuse et durable amélioration de la situation en Orient, paralysée par l'opposition due aux méfiances ou aux calculs égoïstes des autres. L'Europe, a-t-on dit, est un grand et auguste corps, mais qui semble depuis quelques années atteint d'ataxie locomotrice, car il parle, écrit, négocie, menace... et n'agit pas (Le *Journal de Genève*, 23 juin). Et, en effet, voici ce que le comte Goluchowski vient d'avouer, dans son exposé aux Délégations, avec une franchise digne d'un meilleur sort. « A partir de la démarche faite par l'Autriche en novembre dernier, les puissances se sont efforcées de rester sur le terrain sur lequel elles s'étaient placées *et de se surveiller les unes les autres*, afin qu'aucune d'elles ne violât le principe de l'entente et de la solidarité dans l'action. L'Autriche a servi la paix, en faisant simultanément connaître sa ferme intention à cet effet (il est évident que son premier ministre ne pouvait pas parler autrement, lors même qu'il se rend compte de l'immensité de la catastrophe qu'on a laissé se perpétrer, et cela simplement pour *différer* provisoirement l'examen du problème qui s'impose inévitablement à la diplomatie européenne dans un avenir que nous croyons prochain)..... Si la Turquie ne s'efforce pas sincèrement d'établir un état de choses supportable dans ses provinces et si elle ne prend pas des mesures qui autorisent les puissances à avoir foi dans sa vitalité, ses meilleurs amis ne pourront empêcher sa ruine finale..... La Russie a déclaré vouloir le maintien du *statu quo* et le maintien inviolable des traités existants..... Elle a déclaré ne pouvoir approuver aucune mesure contraire aux prescriptions du traité de Paris (ce scrupule peut étonner de sa part, depuis 1871 surtout)..... Nous méconnaîtrions nos intérêts en suivant une politique d'expansion..... mais nous comptons, de notre côté, que nos voisins feront envers nous preuve de respect et d'amicale prévenance » (Le *Temps*, 11 juin 1896). Mais jusqu'à quand cette inaction coupable de l'Europe continuera-t-elle ? Et pour ne parler que de la question de Crète, actuellement pendante, n'est-il pas évident que si les mêmes dispositions animent les puissances, le même résultat en sortira ? L'Europe n'y sera venue, avec ses navires, que pour assister au spectacle d'une population massacrée par un maître qui abuse de sa force pour violer les engagements les plus solennels et pour laisser égorger ses sujets, mais qui abuse surtout de la faiblesse de ceux qui lui laissent faire tout ce qu'il veut, pour des raisons qu'il connaît et qu'il ne manque pas d'exploiter. Ne serait-il pas temps, enfin, que la profonde indignation ressentie en Europe par tous les hommes de sens et de cœur, se manifeste d'une façon active et bienveillante en forçant les gouvernements à en finir une bonne fois avec ces continuelles apparitions de la barbarie, en pleine Europe, à la fin du XIXe siècle ? Le vieil et révoltant principe du maintien de l'intégrité de l'Empire ottoman n'a toujours servi qu'à masquer les méfiances, les jalousies et les calculs égoïstes des grandes puissances. On a ainsi laissé se commettre impunément les crimes les plus abominables et les catastrophes les plus effroyables. Ne serait-il pas temps d'en finir avec ces errements du passé, qui n'ont que trop duré ? Et si l'une des puissances européennes n'y était pas disposée, ne serait-il pas de l'honneur et de la dignité des autres de l'y forcer, au lieu d'avoir pour

elle des complaisances coupables qui leur font assumer la responsabilité de tous les for-
faits qui se commettent dans cet État asiatique, admis depuis 1856 à jouir des avantages
du droit public européen et incapable de comprendre les devoirs qui y correspondent ? Il
est hors de doute qu'on n'a pas à craindre éventuellement de résistance de la part de ce
dernier. Il s'est toujours soumis, toutes les fois que l'Europe s'est trouvée *d'accord*. Ce
n'est donc pas de sa part que la paix pourrait être troublée dans le cas d'une intervention
énergique et salutaire. Le jour où les puissances de l'Europe voudront suivre l'exemple
qui leur a été donné pendant la dernière crise, par deux au moins d'entre elles, et poursuivre loyalement une politique franchement humanitaire, ce jour-là les habitants de l'Empire ottoman pourront, avec la sécurité de leur personne, de leur liberté, de leur honneur et de leur fortune, espérer jouir aussi réellement des avantages du droit public européen, qu'ils n'ont jusqu'ici connu qu'à rebours !

Imp. C. Saint-Aubin et Thevenot.—J. Thevenot, successeur, Saint-Dizier (Haute-Marne)

RECUEIL DES TRAITÉS DE LA FRANCE

PUBLIÉ SOUS LES AUSPICES DU MINISTÈRE DES AFFAIRES ÉTRANGÈRES

par **M. de CLERCQ,** ancien ministre plénipotentiaire

19 vol. in-8°, brochés, 275 fr. ; reliés, 322 fr. 50

AUX ABONNÉS, les tomes I à XVI (tables comprises) (1713-1884) seront adressés brochés et franco pour **125 fr.**

CHEMINS DE FER DE PARIS-LYON-MÉDITERRANÉE

Billets d'aller et retour de Paris à

Berne, viâ Dijon, Pontarlier, Les Verrières, Neuchâtel ou réciproquement :
Prix : 1re cl. 101 fr. ; 2e cl. 75 fr. ; 3e cl. 50 fr.

Interlaken, viâ Dijon, Pontarlier, Les Verrières, Neuchâtel ou réciproquement :
Prix : 1re cl. 112 fr. ; 2e cl. 82 fr. ; 3e cl. 55 fr.

Zermatt (Mont-Rose), viâ Dijon, Pontarlier, Lausanne, sans réciprocité .
Prix : 1re cl. 140 fr. ; 2e cl. 108 fr. ; 3e cl. 71 fr.

Valables 60 jours avec arrêts facultatifs sur tout le parcours.

Trajet rapide de Paris à Interlaken en 15 heures, sans changement de voiture en 1re et 2e classes. — Les billets d'aller et retour de Paris à Berne et à Interlaken sont délivrés du 15 avril au 15 octobre. — Ceux pour Zermatt, du 15 mai au 30 septembre. — Franchise de 30 kilog. de bagages sur le parcours P. L. M.

Billets directs de Paris à Royat et à Vichy.

La voie la plus courte et la plus rapide pour se rendre de Paris à Royat est la voie Nevers-Clermont-Ferrand.

Durée du trajet : De Paris à Royat en 9 heures ; à Vichy en 6 heures 1/2.

Prix : De Paris à Royat, 1re cl. 47 fr. 80 ; 2e cl. 32 fr. 30 ; 3e cl. 21 fr. 30.
»   »   à Vichy,   »   41 fr.   »   27 fr. 70   »   18 fr. 10.

Imp. G. Saint-Aubin et Thevenot. — J. THEVENOT, successeur, Saint-Dizier (Hte-Marne).